CHRISTOPH BÜHLER

Mit dem Fahrrad rund um Heidelberg

30 ausgewählte Radtouren
mit 29 Übersichtskarten

4., erweiterte Auflage

HVA

Umschlagzeichnung: Werner Jüngling, Heidelberg
Karten: Art + Design, Heidelberg

Die Deutsche Bibliothek – CIP-Einheitsaufnahme

Bühler, Christoph:

Mit dem Fahrrad rund um Heidelberg : 30 ausgewählte Radtouren mit 29 Übersichtskarten / Christoph Bühler. – 4., erw. Aufl. – Heidelberg : Heidelberger Verl.-Anst., 1995
ISBN 3-8253-7085-2

Gesamtherstellung: HVA Grafische Betriebe, Heidelberg

Inhaltsverzeichnis

Entfernungen nach Beschreibung und ab Heidelberg

Vorwort

Der nunmehr in der vierten Auflage erscheinende Radwanderführer »Rund um Heidelberg« hat in den letzten Jahren eine weite Verbreitung gefunden und viele Radfreunde hinaus ins Grüne gelockt. Das Fahrradfahren ist noch mehr als früher zu einem Massensport geworden, das Netz der Radwege, auch der ausgeschilderten, wird immer dichter. Für die nähere Zukunft bleibt zu hoffen, daß das Fahrradfahren noch sicherer wird und die Radwegverbindungen durchweg abseits der Verkehrsstraßen konzipiert und gebaut werden.

Schon in die zweite Auflage wurden kulturhistorische Stichworte aufgenommen; Sie sollen dem Benutzer Appetit machen, das Beschriebene auch selbst zu besuchen.

30 Touren sind hier beschrieben, die jedem Geschmack das Richtige bieten sollen: Die kleine »Sonntagnachmittagstour« nach Ladenburg oder zum Grenzhof, die große Tour in den Lußhardt-Wald oder auch auf stillen Wegen nach Lorsch. Im Vordergrund steht aber das Fahren selbst, das lautlose Dahinradeln durch Felder und Wald, das Beobachten all der Kleinigkeiten am Weg, die man sonst nicht sieht.

Die Tourenvorschläge enthalten in einer Vorbemerkung Angaben über Weg, Länge, durchschnittliche Fahrzeit etc. Sicher kann ein geübter Fahrer einen Durchschnitt von 20 – 25 km/h ohne weiteres halten, doch zeigt die Erfahrung, daß ein Schnitt von 10 km/h mit Pausen und Wartezeiten für Gruppen angemessen ist. Dieser Schnitt wurde auch bei den meisten Touren zugrunde gelegt. Je nach den Teilnehmern kann man mehr oder weniger ansetzen.

Ausgewählt wurden vor allem ruhige Straßen, wenn möglich ohne Autoverkehr, also Wirtschaftswege und Waldwege. Waldwege sind in der Regel befestigt, wenn auch nicht immer asphaltiert. Geländegängige Fahrräder (neudeutsch Mountain-Bikes) sind nicht notwendig, ein Schutzhelm jedoch vor allem für Kinder unbedingt angeraten. Wirtschaftswege (»Feldwege«) dienen in erster Linie der Landwirtschaft und sind daher nicht immer in verkehrssicherem Zustand (Pflügearbeiten oder Ernte, das sogenannte Bauernglatteis).

Ein »geübter« Tourenfahrer kann eine Steigung von 3–4% über 1 km ohne Absteigen hinauf; 6% erfordern schon mehr Kondition. Fahren Sie bergauf möglichst ruhig und gleichmäßig, mit »Anlauf holen« vergeuden Sie nur Kraft.

Neu aufgenommen ist ein großes Kapitel »Mit Bahn und Fahrrad: Schönes Wochenende«, das über die vielfältigen Möglichkeiten, das Rad mit in die Bahn zu nehmen, informiert. Die Angaben entsprechen dem Stand vom Sommer 1995 und gelten bis Ende Mai 1996, dann bitte den neuen gültigen Fahrplan beachten. Auch wenn das Angebot der Bahn, 5 Personen für zusammen 30 DM an den Wochenenden unbegrenzt fahren zu lassen, 1996 vielleicht nicht mehr aufrechterhalten wird, läßt sich wohl doch die eine oder andere Tour noch unternehmen.

Kartenmaterial: Radwanderkarten des Rhein-Neckarkreises 1:50 000, Blätter West und Ost, Marzahn-Verlag. ISBN 3-88931-035-4 (westl.) und 3-88931-041-9 (östl. Teil). Auch die Topographischen

Karten haben Radwege eingezeichnet. Karten mit höherem Maßstab sind für unsere Zwecke zu unübersichtlich.

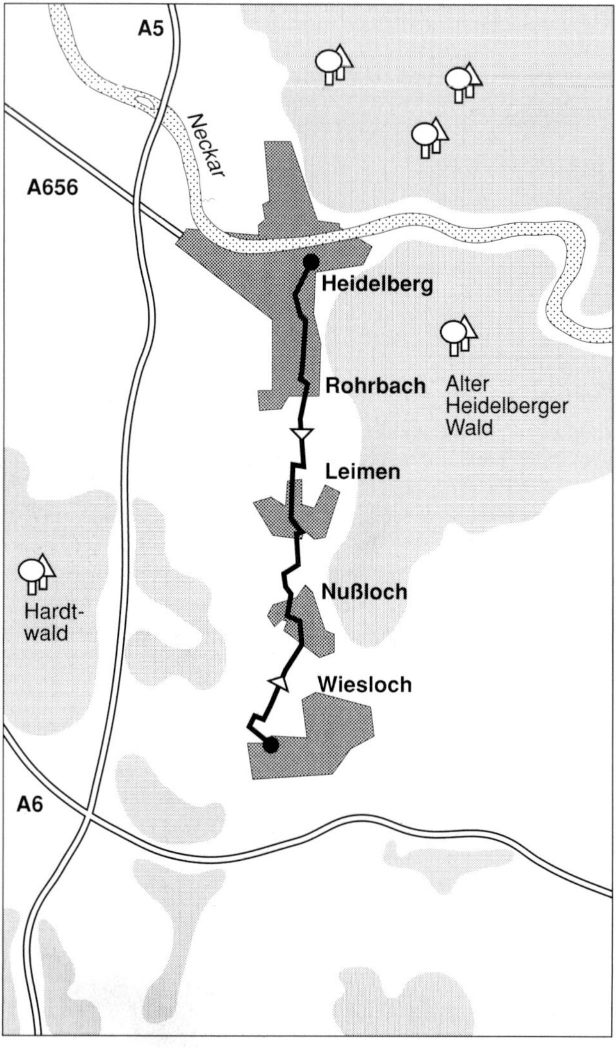
A5
Neckar
A656
Heidelberg
Rohrbach
Alter Heidelberger Wald
Leimen
Nußloch
Hardt-wald
Wiesloch
A6

1 Wiesloch

Ausgangspunkt: Bismarckplatz
Gesamtlänge: 30 km, 3 Stunden
Schwierigkeitsgrad: Leichte Tour in der Ebene, Rückweg identisch. Keine öffentlichen Straßen, Ortsdurchfahrten auf Parallelstraßen.
Karte: Radwanderkarte West

Vom *Bismarckplatz* aus fahren wir auf die *Rohrbacher Straße* (Radweg über die Kurfürstenanlage), dann aber über *Bahnhof-* und *Häusserstraße* bis zur Wieder-Einmündung auf die *Rohrbacher Straße* (das letzte Stück Einbahnstraße sollten wir nach rechts umfahren). Hinter dem Bergfriedhof biegen wir nach links in die *Görresstraße* ein und kommen parallel der Rohrbacher und Karlsruher Straße mit wenig Verkehr bis zur Eichendorff- (Gregor-Mendel-) Schule. Vor der Schule vorsichtig um die Absperrung herum und durch den verkehrsberuhigten Bereich. Am Ende der *Heidelberger Straße* nach links auf die *Rathausstraße*, dann nach rechts auf der *Leimener Straße* durch das Neubaugebiet des Gewanns See.

Auf dieser Straße kommen wir parallel der B 3 sicher und mit wenig Verkehr durch die Gemüsefelder nach Leimen, müssen allerdings am Ortseingang auf die B 3 zurück. Gleich nach dem Zementwerk schwenken wir wieder von der B 3 nach rechts ab und fahren auf der parallel führenden *Friedrich-Ebert-Straße* und der *Kaiserstraße* weiter bis zur Einmündung in die *St. Ilgener Straße*. Von hier aus führt uns rechts versetzt die *Bürgermeister-Weidemaier-*

Straße parallel der B 3 weiter in Richtung Nußloch. Diese Straße verlassen wir erst an ihrem Ende beim Stadion. Rechts liegen Hallen- und Freibad; wir müssen am Freibad entlang und wenden uns wieder gen Süden in Richtung Nußloch.

Im Zickzackkurs geht es durch die Felder bis zum Ort, wo wir auf der *Heidelberger Straße* links hochfahren zur *Kurpfalzstraße* und hier rechts abbiegen. An der Olympiahalle halten wir uns nach links auf die Tankstelle zu, hinter der rechts die *Römerstraße* abzweigt. Sie bringt uns ohne Verkehr nach Wiesloch. Dieser Weg ist eine sehr alte Verbindung von Nußloch nach Süden und wurde bereits zur Zeit der Römer benützt. Am Rand steht bald nach Nußloch ein mittelalterliches Steinkreuz.

In Wiesloch finden wir uns auf der *Parkstraße* beim Schulzentrum (Eissporthalle) wieder.

Zur Rückfahrt empfiehlt sich derselbe Weg; wir verlassen die Stadt dabei über *Schloßstraße/Gerbersruhstraße* (zur Eishalle) und kommen wieder auf unserem schon befahrenen Weg nach Nußloch (jetzt über *Römerstraße* geradeaus durch). Je nach Verkehrsdichte kann man dann bis Leimen die alte *B 3* benützen, sonst biegt man einige Meter nach der Einmündung nach links auf die *Kurpfalzstraße* und auf die *Heidelberger Straße* ab und erreicht beim Wegweiser *Weidhöfe* nach rechts den Radweg nach Leimen.

In Leimen können wir wieder parallel der *B 3* bleiben und hinter dem Zementwerk den Weg oben am Hang benützen. In Rohrbach lenken wir dann links auf die *Rathausstraße*, von der rechts ab die *Heidelberger Straße* zur Schule hin führt. Über *von-*

der-Thann-Straße, Görresstraße und (nach dem Bergfriedhof und der Shell-Tankstelle rechts) *Gaisbergstraße* erreichen wir sicher unseren Ausgangspunkt. Am Beginn der Gaisbergstraße sollte man wegen der Verkehrsregeln absteigen und die Einbahnstraße hochschieben bis zur nächsten Einmündung. Wer fahren will und das kurze Stück Rohrbacher Straße scheut, bis man nach rechts die *Treitschkestraße* hoch zur Gaisbergstraße kann, der kommt an der Tankstelle nach links über die *Franz-Knauff-Straße* zur *Häusserstraße* (rechts) und durch die verkehrsberuhigte Weststadt zur Innenstadt.

Einkehrmöglichkeiten: in Wiesloch in der Hauptstraße und der Marktstraße einige Eiscafés und Restaurants.

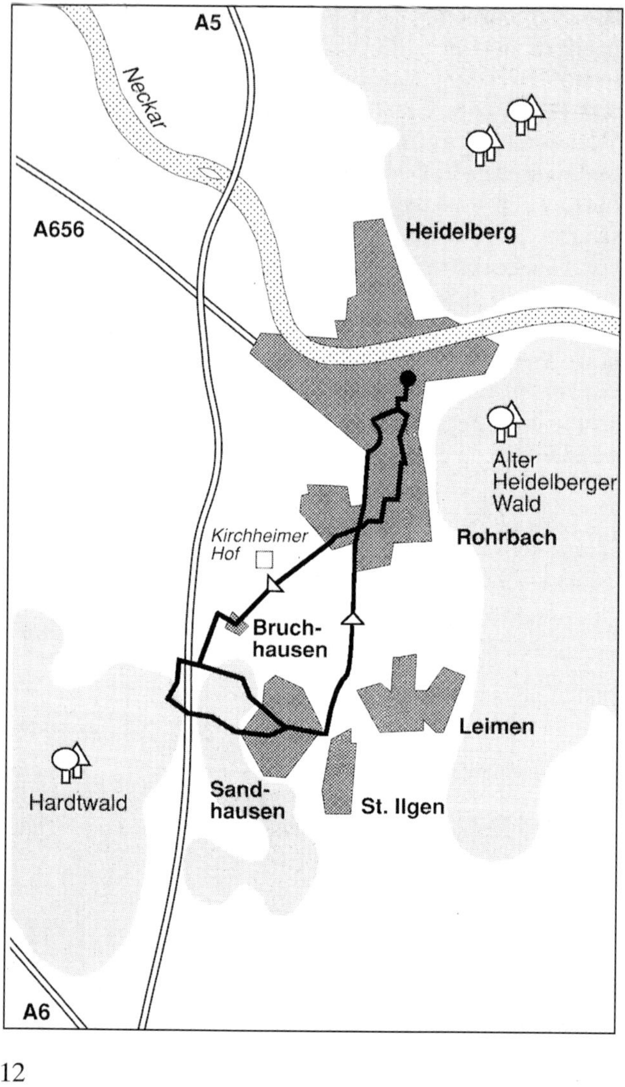
A5
Neckar
A656
Heidelberg
Alter
Heidelberger
Wald
Rohrbach
Kirchheimer
Hof
Bruch-
hausen
Leimen
Hardtwald
Sand-
hausen
St. Ilgen
A6

2 Sandhausen

Ausgangspunkt: Bauhaus, Bahnhofstraße
Gesamtlänge: 21 km, 2 Stunden
Schwierigkeitsgrad: Ebene Strecke, keine Steigungen, bis auf Ortsdurchfahrten keine öffentlichen Verkehrsstraßen. Schöne Familientour.
Karte: Radwanderkarte West

Wir starten bei den Bushaltestellen am Bauhaus und kommen über die *Kleinschmidt-* und die *Schillerstraße* zur *Rohrbacher Straße*, die wir unmittelbar nach der Eisenbahnüberführung nach rechts verlassen. Am Ende des Fuß- und Radweges halten wir uns links und fahren parallel zur Rohrbacher Straße hinter dem Helmholtzgymnasium vorbei auf der *Franz-Marc-*, dann der *Fichtestraße* weiter bis zum evangelischen Gemeindehaus in der *Veit-Stoß-Straße*. Dieses umfahren wir rechts und kommen auf der *Kirschgartenstraße* geradeaus durch, an der St. Michaelskirche vorbei, zur *Sickingenstraße*.

Hier wenden wir uns rechts, überqueren die Römerstraße mit der Ampel und fahren über die *Fabrikstraße* (links ab) und die *Heinrich-Fuchs-Straße* (rechts ab) zum Stadtteil Kirchheim. Auf der *Bürger-*, dann der *Hegenichstraße* fahren wir bis zur Kirche, dann nach links in die *Oberdorfstraße* und diese durch bis zur Einmündung in die Straße nach Sandhausen. Geradeaus weiter geht der *Bruchhäuser Weg* zum Kirchheimer Hof. Wir folgen jetzt der befestigten Straße durch die Felder geradewegs bis vor die ersten Häuser des Weilers Bruchhausen.

Hier biegen wir nach rechts zu den Höfen hin ein, halten uns am Rand der Siedlung (Linkskurve) und kommen auf den parallel zur Durchgangsstraße (Schwetzingen-Leimen) führenden Weg, mit dem wir nach ca. 200 m diese Straße kreuzen. Jenseits der Straße radeln wir in gemütlicher Fahrt auf den nahen Wald zu, überqueren den kleinen Leimbach und den dahinter ziehenden Landgraben und folgen dann nach links dem Weg, der parallel zum Wald durch Spargel- und Gemüsefelder nach Sandhausen führt. Um zur Ortsmitte zu gelangen, halten wir uns an der Einmündung in die *Konrad-Adenauer-Straße* nach rechts und biegen bald darauf wieder nach links in die *Stranggasse* ein, mit der (und mit deren Verlängerung) wir ins Ortszentrum kommen.

Wer die Runde vergrößern möchte, kann nach den beiden Brückchen nach links unter der Autobahn durch, dann nach rechts zur Autobahn-Raststätte, hinter dieser vorbei, mit der nächsten Brücke über die Autobahn drüber und geradeaus weiter auf die *Waldstraße* in Sandhausen.

Zum Rückweg verlassen wir Sandhausen auf der *Bahnhofstraße*, biegen am Bahnhof von St. Ilgen nach links ab und folgen der Julius-Becker-Straße in Richtung Norden. An deren Ende halten wir uns in Richtung B 3 und Bahnlinie und kommen in leichtem Zick-Zack-Kurs auf einen Weg, der uns direkt an der Bahnlinie bis zum Neuen Meßplatz führt. Vorher aber biegen wir am Zentralbetriebshof der Stadtwerke nach rechts unter der Bahnlinie durch ab und kommen durch die Kleingartenanlage, an den Tennisplätzen und der Stadtgärtnerei vorbei, zur Carl-Bosch-Straße und zur Hebelstraße. Nach links geht der Weg in Richtung Pfaffengrund/Wieblingen, nach rechts zur Innen- und Weststadt.

Einkehrmöglichkeiten: Dorfschänke, Sandhausen, Schulstraße 15, Eiscafé Hauptstraße 94; dann verschiedene Gaststätten bei den Sportanlagen.

Bei den Sportplätzen von Sandhausen liegen zwei Grillstellen.

Die Sandhäuser Dünen

Die Dünen zwischen Sandhausen und Oftersheim entstanden in der letzten Eiszeit, als der Hochwald wegen des kalten Klimas weit nach Süden zurückgedrängt war. Die Ebene lag offen, der Rhein und seine Nebenflüsse führten wesentlich mehr Wasser als heute. In Hochwasserzeiten schüttete vor allem der Rhein weite Kiesflächen, vermengt mit Sand und Schlamm auf. Der starke Wind blies dann den Sand und Staub aus dem Kies aus und wehte den Sand zu mächtigen Dünenketten zusammen.

Die hier mit dem Rad besuchten Dünen sind nur ein Teil der Dünenkette im Neckarraum. Es handelt sich insgesamt um eine Doppelkette, die sich von Wiesloch im Süden bis Lorsch im Norden zieht. Die Dünen zwischen Friedrichsfeld und Viernheim hat der Neckar beim Durchbruch zum Rhein abgeschwemmt.

Die Dünen erreichen an der Grillhütte vor Oftersheim mit 20 m ihre größte Höhe, nördlich von Mannheim, im Staatsforst Lampertheim, sind es immerhin noch 13 m.

Wir durchqueren die Dünen auf unseren Touren außerdem zwischen Sandhausen und Reilingen und zwischen Hockenheim und Oftersheim. Mit dem Auto sind sie zu verfolgen zwischen Schwetzingen und Seckenheim und entlang der Straße Viernheim-Hüttenfeld. Der Radweg Mannheim–Lorsch durchquert sie ebenfalls.

Notizen

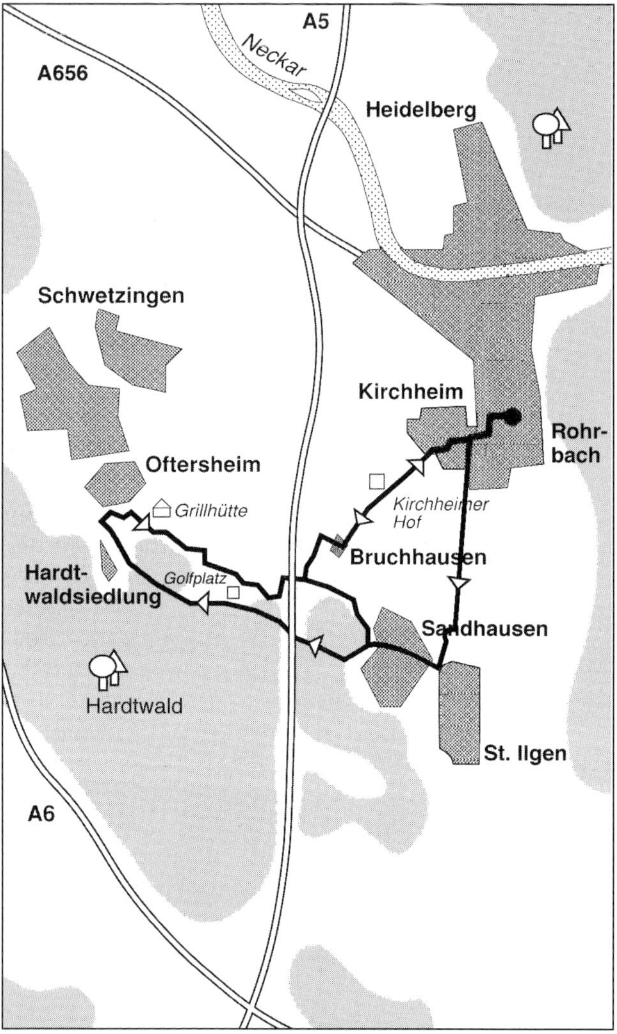
A5
Neckar
A656
Heidelberg
Schwetzingen
Kirchheim
Rohr-
bach
Oftersheim
Grillhütte
Kirchheimer
Hof
Bruchhausen
Hardt-
waldsiedlung
Golfplatz
Sandhausen
Hardtwald
St. Ilgen
A6

3 Untere Hardt (Oftersheim)

Ausgangspunkt: Rohrbach, Sickingenstraße
Gesamtlänge: 26 km, 3 Stunden
Schwierigkeitsgrad: Keine Steigungen, keine anderen Schwierigkeiten. Keine öffentlichen Verkehrsstraßen, daher besonders für Familien mit Kindern geeignet. Schöne Tour in den Dünen zwischen Sandhausen und Oftersheim. Teilweise unbefestigter, aber fester Weg im Wald.
Karte: Radwanderkarte West

Von der *Sickingenstraße* fahren wir über die *Römerstraße* weg und biegen links in die *Fabrikstraße* ein, um auf die *Heinrich-Fuchs-Straße* zu kommen, die uns in den Stadtteil Kirchheim bringt. Auf der *Bürger-*, dann der *Hegenichstraße* fahren wir bis zur Kirche, dann nach links in die *Oberdorfstraße* und diese durch bis zur Einmündung in die Straße nach Sandhausen. Geradeaus weiter geht der *Bruchhäuser Weg* zum Kirchheimer Hof. Wir folgen jetzt der befestigten Straße durch die Felder geradewegs bis vor die ersten Häuser des Weilers Bruchhausen.

Hier biegen wir nach rechts zu den Höfen hin ein, halten uns am Rand der Siedlung (Linkskurve) und kommen auf den parallel zur Durchgangsstraße (Schwetzingen-Leimen) führenden Weg, mit dem wir nach ca. 200 m diese Straße kreuzen. Jenseits der Straße setzt sich der Weg in Richtung auf den nahen Wald zu fort. Nach den beiden Brückchen über den kleinen Leimbach und den dahinter ziehenden Landgraben folgen wir nach links dem Weg, der parallel zum Wald durch Spargel- und Gemüsefelder nach

Sandhausen führt. Hier halten wir uns rechts, folgen dem Zug von *Adenauerstraße, Schelmengrund und Wingertstraße* und verlassen den Ort wieder nach rechts auf der *Waldstraße*. Ganz Sportbegeisterte können hier am Vita-Parcours noch eine Trimm-Dich-Pause einlegen.

Wir folgen jetzt dem *Postweg* geradeaus durch den ruhigen Hardtwald bis Oftersheim, wo wir auf den Ort zuhalten. Im Ort biegen wir rechts auf den *Hardtwaldring* ein, dann auf den *Oberfeldweg*, der uns am Rand der Dünen, die hier eine recht ansehnliche Höhe erreichen, in Richtung Sandhausen zurückführt. Kurz hinter Oftersheim liegt eine schöne Grillhütte, an der sich gut rasten läßt.

Nach 20 Minuten ruhiger Fahrt durch die sandigen Felder erreichen wir die Autobahn und wenden uns nach links, dann durch die Unterführung und wieder links auf das Brückchen zu, über das wir auch hergefahren sind. Wieder überqueren wir die Straße, um auf den parallel führenden Weg zu den Häusern von Bruchhausen zu kommen und erreichen nach den Häusern den Weg zum Kirchheimer Hof.

An der Kreuzung in Kirchheim fahren wir wieder geradeaus weiter in die *Oberdorfstraße* und kommen über *Hegenich-, Bürger-* und *Heinrich-Fuchs-Straße* in die *Fabrikstraße* und die *Sickingenstraße* zum Ausgangspunkt zurück.

Einkehrmöglichkeiten: In Oftersheim einige Lokale in der Mannheimer Straße.

Verlängerung Kirchheim – St. Ilgen

Ausgangspunkt: Wie Tour 3
Zusätzliche Wegstrecke: Siehe Karte
Schwierigkeitsgrad: Ortsdurchfahrt Sandhausen mit zweimaligem Links-Abbiegen
Karte: Radwanderkarte West

Von der *Sickingenstraße* wie mit Tour 3 bis zur Eisenbahnüberführung zwischen Rohrbach und Kirchheim *(Bürgerstraße)*. Dann scharf links ab (oder mit Kindern rechts, *Hagellachstraße*, und nochmal rechts, *Odenwaldstraße*) zur *Hardtstraße* entlang der Bahnlinie. Dort nach rechts, Richtung Süden, und immer entlang der Bahnlinie mit dem befestigten Weg bis vor das Neubaugebiet von St. Ilgen. Der Weg macht hier einige Kurven, bis wir in St. Ilgen (Ortsteil Probster Wald) die *Julius-Becker-Straße* befahren. In Sichtweite des St. Ilgener Bahnhofes biegen wir nach rechts auf die *Bahnhofstraße* nach Sandhausen hinein und folgen ihr bis zur Einmündung in die *Hauptstraße*. Dort steht linker Hand in Sichtweite die Kirche, an der rechts die *Waldstraße* weiterführt. Die Steigungen, die wir jetzt bewältigen müssen, sind die Sanddünen, die dem Ort seinen Namen gegeben haben. Die *Waldstraße* führt uns geradewegs auf den Alten Postweg, wo wir den Anschluß an Tour 3 finden.

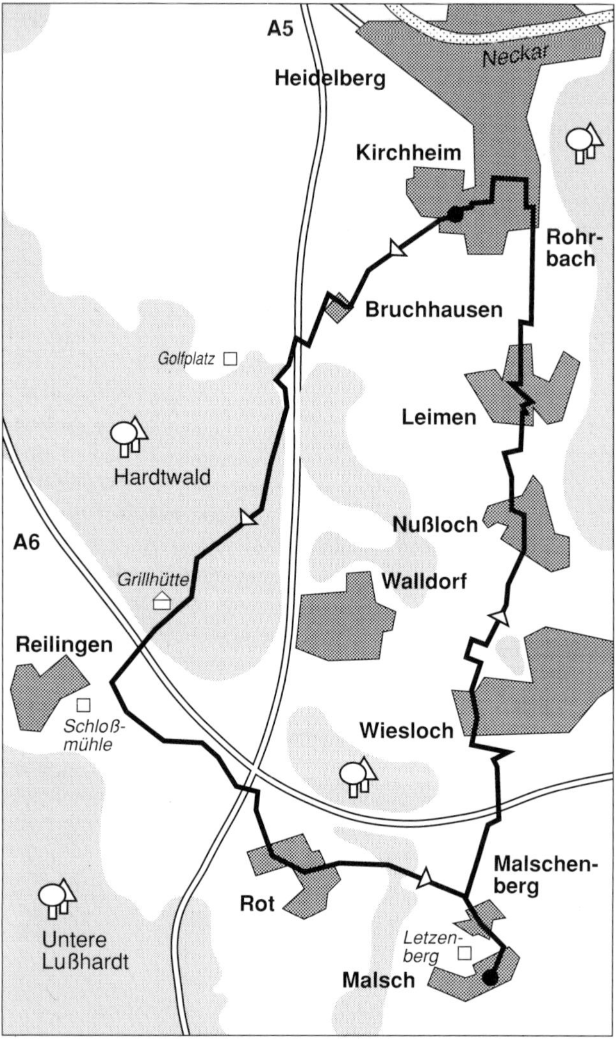

A5
Heidelberg
Neckar
Kirchheim
Rohr-
bach
Bruchhausen
Golfplatz
Leimen
Hardtwald
A6
Nußloch
Grillhütte
Walldorf
Reilingen
Schloß-
mühle
Wiesloch
Malschen-
berg
Rot
Untere
Lußhardt
Letzen-
berg
Malsch

4 Reilingen – Letzenberg

Ausgangspunkt: Kirchheim, Sandhäuser Straße
Gesamtlänge: 43 km, 5 Stunden
Anschluß von Heidelberg über Rohrbach mit Tour 1 (53 km)
Schwierigkeitsgrad: Größtenteils ebene Strecke, starke Steigungen am Letzenberg (½ Stunde schieben). Außer der Strecke Malsch-Malschenberg keine öffentlichen Straßen.
Karte: Radwanderkarte West

Wir beginnen unsere Tour auf der *Sandhäuser Straße*, setzen aber unseren Weg nach ca. 150 m nach rechts zum Kirchheimer Hof hin *(Bruchhäuser Straße)* fort. Wir folgen jetzt der befestigten Straße, mit der Brücke über den Cuza-Ring weg, und durch die Felder geradewegs bis vor die ersten Häuser des Weilers Bruchhausen.

Hier biegen wir nach rechts zu den Höfen hin ein, halten uns am Rand der Siedlung (Linkskurve) und kommen auf den parallel zur Durchgangsstraße (Schwetzingen-Leimen) führenden Weg, mit dem wir nach ca. 200 m diese Straße kreuzen. Jenseits der Straße setzt sich der Weg geradeaus fort, überquert den Leimbach und den Landgraben und führt uns dann nach links unter der Autobahn durch, weiter nach rechts zur Autobahn-Raststätte und hinter dieser vorbei. Durstige Kehlen finden hier schon eine erste Erfrischung. An der Wegkreuzung dahinter folgen wir zunächst dem Wegweiser nach Sandhausen, biegen aber direkt vor der Autobahn wieder nach rechts ab auf den Weg an der Autobahn entlang.

Von hier an können wir dem *weißen* ⊥ immer geradeaus bis vor Reilingen folgen (7 km, am Weg warten zwei Schutzhütten auf müde Wanderer). Hinter dem Wald, nach der Brücke über die neue B 39, verlassen wir am Friedhof unser Wegzeichen wieder und lenken jenseits der alten B 39 unsere Räder auf den Weg zum Wersauer Hof *(Radweg Walldorf)*. Dieser Weg führt uns ein Stück am Kehrgraben entlang, dann auf die Autobahn zu und ein Stück an ihr entlang. Bei der Einmündung am Autobahnkreuz durch die Unterführung, 100 m danach nach rechts auf den Ort Rot zu, den wir in Richtung Wiesloch durchqueren.

40 m nach der Abzweigung nach Wiesloch geht nach rechts ein befestigter Wirtschaftsweg ab, der zwischen den Baggerseen (keine Badeseen) zur B 3 führt. Wie überqueren hier vorsichtig die B 3 und fahren diesseits in Richtung Rauenberg weiter, schlagen aber 150 m nach der Kreuzung den rechts abbiegenden Weg nach Malschenberg ein. Es geht hier auf 400 m steil bergauf (13%), wir müssen von 116 m (B 3) auf 190 m Meereshöhe (Malschenberg) hochsteigen. Bitte keine Gewalttouren, eine gedehnte Kette läßt sich noch ersetzen, ein überreizter Meniskus tut weh. Der Weg zum Letzenberg (244 m) ist hinter dem Ort angeschrieben.

Bei schönem Wetter haben wir eine prächtige Aussicht von Wiesloch bis Dossenheim, die uns für die Mühe des Hinaufschiebens reichlich belohnt. Die Abfahrt vom Letzenberg bringt uns, wenn wir uns nach Süden (rechts) halten, über den Kreuzweg mit seinen 12 Stationen nach Malsch hinunter, wo wir in einem der Gasthöfe, auf die wir direkt stoßen, eine kräftige Stärkung verdient haben.

Von Malsch aus halten wir uns zum Rückweg wieder nach Malschenberg (Wegweiser), hier aber fahren wir am Ortsende (Schild: 30 km/h) nicht geradeaus weiter auf die B 3 zu, sondern biegen nach rechts in die *Römerstraße* ab und kommen mit dem so befahrenen Weg über die Autobahn und nach Wiesloch. Vor der Stadt befahren wir den Wirtschaftsweg an der alten B 3, unterqueren mit ihm die neue B 39, darauf nach links die alte B 3 und kommen so zum Schwimmbad. Durch das Industriegebiet *(Neues Sträßel)*, dann am Reiterhof vorbei *(Alte Heerstraße)* kommen wir auf die *Parkstraße*.

Hier nach links, vor der neuen B 3 nach rechts kommen wir auf den schon von früheren Touren bekannten Weg über Nußloch und Leimen nach Heidelberg. Zur Erinnerung: In Nußloch auf der *Römerstraße* geradeaus durch, dann je nach Verkehrsdichte bis Leimen auf der alten *B 3*, sonst biegt man zwischen der *Massengasse* und der B 3 irgendwo nach links ein und fährt auf der parallel ziehenden *Kurpfalzstraße* weiter bis zur *Heidelberger Straße*. Beim Wegweiser *Weidhöfe* dann nach rechts auf den Radweg nach Leimen. In Leimen können wir wieder parallel der *B 3* bleiben und dann entweder hinter dem Zementwerk den Weg oben am Hang benützen oder von der Schnellstraße nach links abbiegen und durch das Industriegebiet Rohrbach-Süd, am Famila-Markt vorbei, durch den Hasenleiser nach Kirchheim zurück. Mit Kindern sollte man sicherheitshalber bei diesem Weg in Leimen den Gehweg an der linken

Straßenseite benützen und das Rad solange schieben.

Einkehrmöglichkeit: in Malsch vier Gaststätten in der Hauptstraße.

Wallfahrtskapelle und Kreuzweg am Letzenberg

Wallfahrtskapelle, 1902/03 zu Ehren der Muttergottes errichtet, neuromanischer Kuppelbau mit durch Farbziegel verziertem Zeltdach. Die 14 Kreuzwegstationen kommen aus der spätmittelalterlichen Tradition, auch diejenigen, die nicht die Wallfahrt zu den heiligen Stätten in Jerusalem antreten konnten, im Gebet zu den Orten der Passion zu führen. Kreuzwegstationen finden sich daher nicht nur in Kirchen, sondern auch, wie hier am Letzenberg, am Aufgang zu Wallfahrtskapellen.

Eine Wallfahrt verbindet den Gedanken der aktiv unternommenen Bußübung und des Einschnitts in den Alltag mit der Tradition der »Wanderung auf Erden«, so wie auch Christus selbst im Land umherzog. Eine weitere Wallfahrtskirche ist die katholische Kirche von Leutershausen mit dem Gnadenbild der Schwarzen Madonna.

Notizen

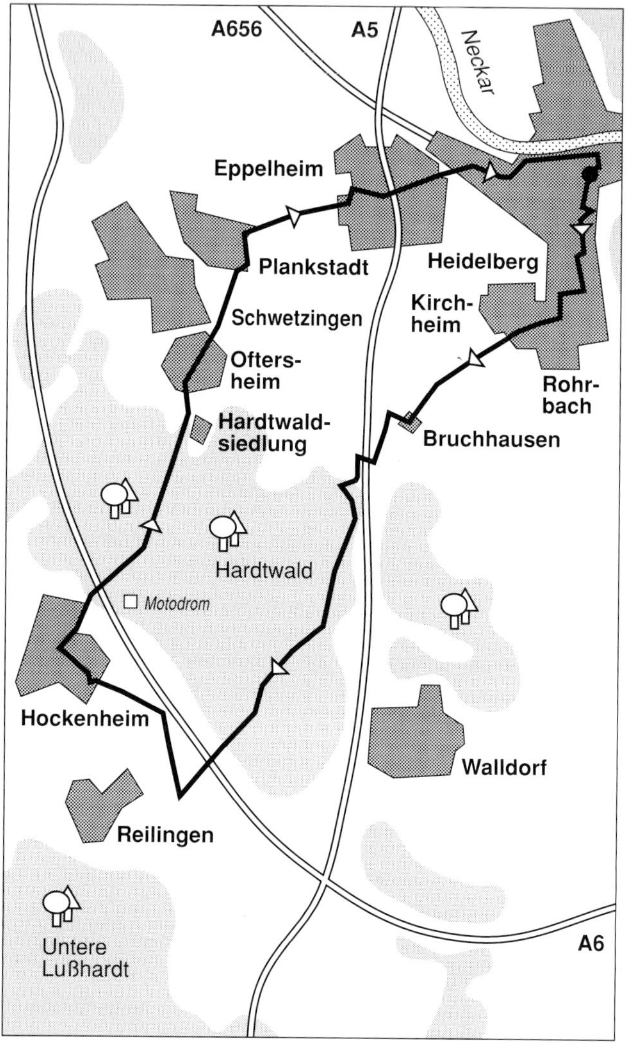
A656
A5
Neckar
Eppelheim
Plankstadt
Heidelberg
Schwetzingen
Kirch-
heim
Ofters-
heim
Rohr-
bach
Hardtwald-
siedlung
Bruchhausen
Hardtwald
Motodrom
Hockenheim
Walldorf
Reilingen
Untere
Lußhardt
A6

5 Obere Hardt

Ausgangspunkt: Rohrbacher Straße
Gesamtlänge: 38 km, 4 Stunden
Schwierigkeitsgrad: Ausgedehnte Tour in der Ebene ohne Steigungen, sollte nur mit einiger Kondition unternommen werden. Öffentliche Straßen auf dem Rückweg ab Oftersheim.
Karte: Radwanderkarte Süd

Wir verlassen gleich die stark befahrene *Rohrbacher Straße*, fahren lieber durch die ruhige Weststadt *(Kleinschmidt-* und *Schillerstraße)* wieder zur *Rohrbacher Straße*, die wir aber unmittelbar nach der Eisenbahnüberführung wieder nach rechts verlassen. Von diesem Fuß- und Radweg kommen wir parallel zur Rohrbacher Straße hinter dem Helmholtzgymnasium vorbei über *Franz-Marc-* und *Fichtestraße* weiter bis zum evangelischen Gemeindehaus in der *Veit-Stoß-Straße*. Dieses umfahren wir rechts und kommen auf der *Kirschgartenstraße* geradeaus durch, an der St. Michaelskirche vorbei, zur *Sickingenstraße*.

Hier wenden wir uns rechts, überqueren die *Römerstraße* mit der Ampel und fahren über die *Fabrikstraße* (links ab) und die *Heinrich-Fuchs-Straße* (rechts ab) zum Stadtteil Kirchheim. Auf der *Bürger-*, dann der *Hegenichstraße* fahren wir bis zur Kirche, dann nach links in die *Oberdorfstraße* und diese durch bis zur Einmündung in die Straße nach Sandhausen. Geradeaus weiter geht der *Bruchhäuser Weg* zum Kirchheimer Hof. Wir folgen jetzt der befestigten Straße durch die Felder geradewegs bis vor die ersten Häuser des Weilers Bruchhausen.

Hier biegen wir nach rechts zu den Höfen hin ein, halten uns am Rand der Siedlung (Linkskurve) und kommen auf den parallel zur Durchgangsstraße (Schwetzingen-Leimen) führenden Weg, mit dem wir nach ca. 200 m diese Straße kreuzen. Jenseits der Straße radeln wir in gemütlicher Fahrt auf den nahen Wald zu, überqueren den kleinen Leimbach und den dahinter ziehenden Landgraben, wenden uns nach rechts zur Unterführung und hinter ihr nach links zur Raststätte an der Autobahn. Nach einem kurzen Stück Wegs folgen wir an der nächsten Kreuzung zunächst dem Wegweiser nach Sandhausen, biegen aber direkt vor der Autobahn wieder nach rechts auf den Weg an ihr entlang ab.

Von hier an geleitet uns das *weiße* ⊥ geradewegs durch den lichten Wald. Das Waldstück bei den Dünen heißt »Saupferchbuckel«, was zeigt, daß der Wald früher mit Eichen bestanden war, unter die im Herbst die Schweine zur Mast getrieben wurden. Die Dünen erreichen hier immerhin 16 m Höhe. Nach 7 km Wald und zwei Schutzhütten kommen wir vor Reilingen wieder aufs freie Feld. Haben wir geländegängige Räder dabei, können wir gleich rechts am Waldrand bleiben, dem Weg folgen und an der nächsten Einmündung nach rechts. Sonst überqueren wir die Straße mit der Brücke, wenden uns am Friedhof ganz nach rechts und überqueren die Straße ein zweites Mal. So kommen wir wieder zum Wald an der Autobahn. Der Weg knickt dann nach links ab und führt geradewegs nach Hockenheim.

Wir überqueren den *Hubäckerring* und müssen die *Adenauerstraße* gleich wieder nach rechts verlassen, um über die *Parkstraße* das Ortszentrum zu erreichen. Nach rechts kommen wir über die *Heidelberger Straße* zum Tempel des Motorsports, dem Motodrom. Wir fahren unter den Autobahnen durch, am Eingang des Motodroms vorbei, an der Rennstrecke entlang, dann geradeaus weiter vom Ring weg in den Hochwald hinein. Nach zwanzig bis dreißig Minuten Fahrt auf ruhiger Strecke finden wir uns an der Hardtwaldsiedlung von Oftersheim wieder, von der aus wir Oftersheim geradewegs in Richtung Plankstadt durchqueren (Radweg hinter Oftersheim). Von Plankstadt aus fahren wir über Eppelheim und den Pfaffengrund (Radweg entlang der Eppelheimer Straße) zurück zur Stadt.

Einkehrmöglichkeiten: In Hockenheim einige Gaststätten in der Unteren und Oberen Hauptstraße; ein Eiscafé am Anfang der Heidelberger Straße.

Abkürzungsmöglichkeit: Im Wald zwischen Sandhausen und Reilingen nach der ersten Schutzhütte nach rechts und an Werktagen durch den Ring des Motodroms, an Feiertagen oder wenn Rennen ist, nach links oder rechts um den Ring herum (linksherum ist es kürzer).

Ausweichstrecke ab Ortsende Plankstadt: Nach rechts und auf dem Wirtschaftsweg parallel der Straße in Richtung Eppelheim. Weiter mit der Signatur »Kurpfalz-Route« am Pfaffengrund vorbei zur Innenstadt.

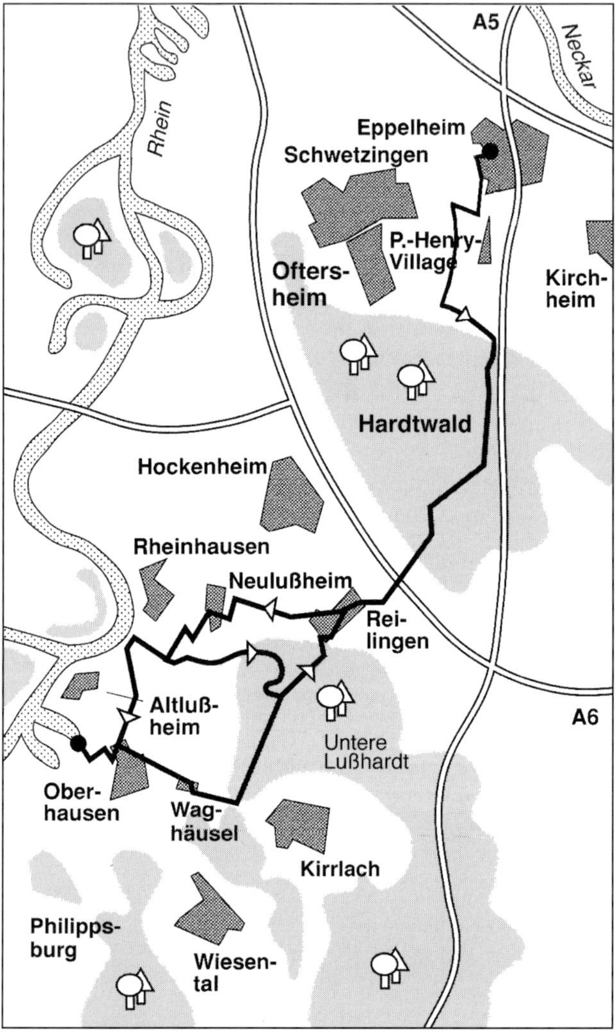
A5
Neckar
Rhein
Eppelheim
Schwetzingen
P.-Henry-Village
Oftersheim
Kirchheim
Hardtwald
Hockenheim
Rheinhausen
Neulußheim
Reilingen
Altlußheim
A6
Untere Lußhardt
Oberhausen
Waghäusel
Kirrlach
Philippsburg
Wiesental

6 Insel Korsika

Ausgangspunkt: Eppelheim, Straßenbahn-Endhaltestelle
Gesamtlänge: 55 km, 6 Stunden
Schwierigkeitsgrad: Ausgedehnte Tour in der Ebene ohne Steigungen, sollte nur mit einiger Kondition unternommen werden. Öffentliche Straßen im wesentlichen nur zwischen Oberhausen und Waghäusel.
Karte: Radwanderkarte West
Lassen Sie sich überraschen, Korsika liegt näher als Sie denken!

Von der Straßenbahn-Endhaltestelle in Eppelheim fahren wir zunächst die *Kirchheimer Straße* hinunter, an den Sportplätzen vorbei bis zur Wegkreuzung hinter der Kleingartenanlage. Dort rechts bis zum Hochspannungsmast, dann nach links am Bauernhof vorbei, später rechts und sofort wieder links zu den Pferdekoppeln. Dem Weg folgend nach rechts, dann links durch die Kurpfalzhöfe und dahinter mit der Ampel über die Straße nach Schwetzingen (Knopf drücken). Jenseits der Straße fahren wir geradeaus weiter, mit dem Weg nach links, dann nach rechts auf den Waldrand zu (zwischendurch ein links-rechts-Haken). So erreichen wir bei den Aussiedlerhöfen den Fahrweg zwischen Oftersheim und Sandhausen. Wir fahren nach links auf die Höfe zu, dann nach rechts und weiter auf die Autobahn zu. Unmittelbar vor der Autobahn geht unser Weg nach rechts hinter der Tank- und Rast-Anlage weiter.

Der Weg entfernt sich dann von der Autobahn, wir folgen an der nächsten Kreuzung zunächst dem Wegweiser nach Sandhausen, biegen aber direkt vor der Autobahn wieder nach rechts auf den Weg an ihr entlang ab. Von hier an geleitet uns das *weiße* ⊥ geradewegs durch den Wald und durch den Dünengürtel, der hier immerhin 16 m Höhe erreicht, bis wir, nachdem wir zwei Schutzhütten passiert haben, nach 7 km den Wald wieder verlassen und Reilingen vor uns liegen sehen. Wir überqueren die neue Umgehungsstraße und kommen auf der alten B 39 nach Reilingen hinein. Im Ort biegen wir beim Steinkreuz nach der Kirche (Bäckerei) nach rechts ab und verlassen Reilingen wieder auf der *Speyerer Straße.* Rechts vom Weg senkt sich das Gelände sichtbar ab; hier liegt eine alte Mäanderschlinge des Kraichbachs, die Reilingen östlich umfloß, bis Hockenheim zog und sich dann wieder bis hierher wandte. Die Bahnlinie vor uns liegt bei Hockenheim auf einem etwa 200 m breiten Damm zwischen diesen Kraichbach-Mäandern und den Flußschlingen des Altrhein-Systems.

Kurz vor Neulußheim und der Bahnlinie kommen wir nach links wieder (zum Friedhof hin) auf die alte B 39 zurück (Radweg gleich rechts über die Brücke) und durchfahren Neulußheim in Richtung Altlußheim.

Am Ortsende führt gegenüber der Tankstelle (beim roten Pfeil) ein Weg nach links ins freie Feld; wir betreten nach der Abfahrt vom steilen Hochufer (7 m Höhenunterschied) hier einen verlandeten Rheinarm, der heute intensiv zum Kiesabbau genutzt wird. Nachdem unser Weg an einer Einmündung etwas versetzt weitergeht, liegt der erste dieser Seen in Sichtweite vor uns. Da sie noch alle ausgebaggert werden, ist das Baden in ihnen nicht gestattet.

Um diesen ersten See fahren wir rechts herum und erreichen nach kurzer Fahrt die Straße von Altlußheim nach Rheinhausen. Hier liegt, in Richtung Altlußheim, ein Badesee. Unser Weg benützt indessen die andere Richtung, nach links, verläßt aber die Straße hinter dem Kieswerk wieder (die Straße knickt nach rechts weg, wir fahren geradeaus weiter). Unmittelbar darauf fahren wir links ab, dann an der Kreuzung vor dem großen See noch einmal links. Diese Beschreibung klingt etwas trocken und kompliziert, aber wir können uns hier schon nach den in Sicht kommenden Häusern von Oberhausen richten. An der Kreuzung in Oberhausen halten wir uns zunächst rechts, schwenken dann aber links zum Vogelpark ein und kommen – am Damm nach links – zur Insel Korsika.

Die Insel selbst, eigentlich eine Halbinsel im Altrhein, befahren wir nur kurz mit dem Rad, ansonsten genießen wir dieses Fleckchen Erde zu Fuß.

In Oberhausen halten wir uns für den Rückweg in Richtung Waghäusel und richten uns dann nach den Wegweisern nach Kirrlach (Radweg nach der Bahnlinie). Beim Schild »Achtung, Radfahrer!« biegen wir nach links auf den Weg am Waldrand entlang und in den Wald hinein ab und kommen so bis Reilingen. Dort, schon in Sichtweite, geht rechter Hand die Straße in den Ort hinein. Wir durchfahren Reilingen und treffen wieder auf die schon auf dem Herweg befahrene Kreuzung am Friedhof, wo schräg nach links das *weiße* ⊥ bis an die Autobahn-Raststätte Hardtwald führt. Kurz vor ihr führt das weiße Zeichen nach links, auf Oftersheim zu, der Wegweiser zeigt indessen die Richtung nach Heidelberg an.

Nach der Autobahnraststätte nach links und am Waldrand bis zu den Aussiedlerhöfen in Richtung Oftersheim. Danach nach rechts und in zwei links-rechts-Haken in Richtung Straße und Kurpfalzhöfe. Mit der Ampel (Knopf drücken nicht vergessen) über die Straße und weiter durch die Kurpfalzhöfe, dahinter nach rechts, kurz darauf nach links auf Eppelheim zu.

Einkehrmöglichkeit: Bei der Insel Korsika geradeaus am Damm entlang zur Gaststätte Rheineck.

Rheinbegradigung und Altrheinarme

Während der Rhein im südlichen Teil des Oberrheintals früher einen breiten, von Hunderten von Inseln durchsetzten Lauf bildete, wand er sich zwischen Karlsruhe und Oppenheim in breiten, regelmäßigen Schlingen durch die Auenlandschaft. Zum Schutz vor Hochwasserschäden wurden schon am Ende des 18. Jahrhunderts Arbeiten ins Auge gefaßt, die den Strom bändigen sollten (v. Traitteur in der Kurpfalz). Erst die Neuordnung des Südwestens im 19. Jahrhundert ermöglichte dann eine Gesamtplanung, die auf den badischen Strombauingenieur Johann Gottfried Tulla zurückgeht. Ziel der Arbeiten war weiterhin der Schutz vor Hochwasser und die Gewinnung von Neuland, weniger die Förderung der Schiffahrt.

Südlich von Karlsruhe wurde durch die Einengung des Stroms auf ein gerades Bett der Lauf nur um etwa 14% verkürzt, zwischen Lauterburg und Worms dagegen schon um 37%.

1817 begann man, bei Karlsruhe die ersten Mäander durchzustechen, ab 1826 wurden zwischen Philippsburg und Ketsch vier Schleifen begradigt. Übrig blieben die »stillgelegten« Schlingen, die an ihrem oberen Ende geschlossen wurden.

Auf der Topographischen Karte (Radwanderkarte) erkennt man gut die jüngsten, durchstochenen Schlingen, und im selben Radius (ca. 1250 m) links und rechts des Stroms die alten Schlingen, die heute den Rand des Hochufers bilden.

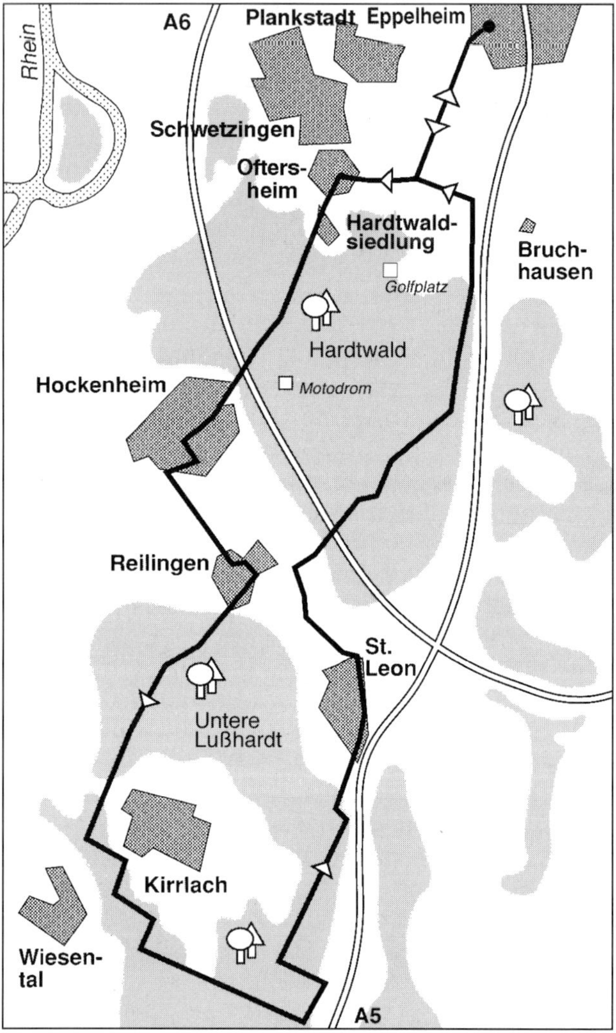

A6
Plankstadt
Eppelheim
Rhein
Schwetzingen
Oftersheim
Hardtwaldsiedlung
Bruchhausen
Golfplatz
Hardtwald
Hockenheim
Motodrom
Reilingen
St. Leon
Untere Lußhardt
Kirrlach
Wiesental
A5

7 Untere Lußhardt

Ausgangspunkt: Eppelheim, Straßenbahn-Endhaltestelle
Gesamtlänge: 60 km, 6–7 Stunden
Schwierigkeitsgrad: Ausgedehnte Tour in der Ebene ohne Steigungen. Öffentliche Straßen nur zwischen Eppelheim und Oftersheim.
Karte: Radwanderkarte West, Topographische Karte L 6716 Speyer

Von der Straßenbahn-Endhaltestelle in Eppelheim fahren wir zunächst die *Kirchheimer Straße* hinunter, an den Sportplätzen vorbei bis zur Wegkreuzung hinter der Kleingartenanlage. Dort rechts bis zum Hochspannungsmast, dann nach links am Bauernhof vorbei, später rechts und sofort wieder links zu den Pferdekoppeln. Dem Weg folgend nach rechts, dann links durch die Kurpfalzhöfe und dahinter mit der Ampel über die Straße nach Schwetzingen (Knopf drücken). Jenseits der Straße fahren wir geradeaus weiter, mit dem Weg nach links, dann nach rechts auf den Waldrand zu (zwischendurch ein links-rechts-Haken). So erreichen wir bei den Aussiedlerhöfen den Fahrweg zwischen Oftersheim und Sandhausen. Wir fahren nach rechts auf Oftersheim zu und kommen dort auf den *Hardtwaldring.* Hier erreichen wir linkerhand die Straße nach Walldorf und die Hardtwaldsiedlung.

Dort erwartet uns ein stiller, für Kfz gesperrter Waldweg, mit dem wir an den Sportplätzen vorbei und später am Hockenheimer Motodrom entlang nach Hockenheim kommen. Hier verlassen wir unsere Fahrtrichtung nicht, bis wir an den beiden Kirchen im Ortszentrum angekommen sind. Erst dort wenden wir uns nach links, auf Reilingen zu. Am Ortsende geht nach rechts die Straße zum Aquadrom, wir folgen ihr (Radweg), bis uns die Unterführung auf die linke Seite der Straße bringt. Er führt uns über einen Umlaufberg des Kraichbach-Mäanders, »Biblis« genannt, nach Reilingen.

In Reilingen biegen wir in die *Richard-Wagner-Straße* nach rechts in den Ort hinein ab und folgen dieser Straße *(Schubertstraße)* bis zur Kreuzung mit der alten B 39 (Vorfahrtsstraße, Bosch-Dienst), dann rechts ab. An der Abzweigung nach Neulußheim geht, schon in Sichtweite, links versetzt ein Weg in den Wald hinein. Wir folgen ihm auf 300 m, fahren dann etwas nach rechts weiter, am Brückchen über den Bach nach links und kommen so auf die Straße zwischen Kirrlach und Waghäusel. Wir folgen dem Weg noch etwa 1 km über diese Straße weg, knicken mit ihm nach links ab und kommen nach einem weiteren Kilometer aus dem Wald heraus und auf die Straße nach Wiesental. Wir biegen rechts ein, benützen den Radweg auf der linken Seite und verlassen ihn hinter den großen Bäumen am Straßenrand wieder nach links auf den Wald zu.

Im Wald biegen wir an der Abzweigung nach rechts in den festen Weg ab, die Fortsetzung unseres Weges geradeaus wird sichtbar schlechter. An der folgenden Einmündung sind wir auf dem alten Fahrweg zwischen Wiesental und Langenbrücken, wir lenken nach links und radeln jetzt erst einmal fast 4 km geradeaus durch den Wald. Auf dem Weg passieren wir eine große Lichtung, die zum Ballspiel geradezu herausfordert. Nach einer halben Stunde Fahrt sehen wir vor uns die Rampe der Autobahnbrücke, wir schwenken hier in den Weg zwischen dem *Zweiten Fohlschlag* und dem *Hanauer Schlag* ein, überqueren den Kriegbach zum ersten Mal, biegen links ab, überqueren den Kriegbach zum zweiten, und, nach rechts auf dem Hauptweg weiter, zum dritten Mal. Erst die Autobahn unterbricht jetzt die gerade Richtung unseres Weges, wir müssen links versetzt weiter und kommen an der Autobahn entlang nach St. Leon.

Den Ort durchqueren wir über *Kronauer Straße* und *Marktstraße*, folgen am Rathaus der *Häuserstraße* nach links und gelangen so auf einem guten Wirtschaftsweg auf den Wald zu. Im Wald lenken wir mit dem Wegweiser nach Reilingen unsere Räder nach rechts und kommen nach wenigen Minuten wieder aus dem Wald heraus.

Mit der alten B 39 durchfahren wir dann Reilingen bis zur Kreuzung am Friedhof hinter dem Ort, wo uns schräg nach links das *weiße* ⊥ bis an die Autobahn-Raststätte Hardtwald führt. Kurz vor ihr führt das weiße Zeichen nach links, auf Oftersheim zu, der Wegweiser zeigt indessen die Richtung nach Heidelberg an.

Nach der Autobahnraststätte nach links und am Waldrand bis zu den Aussiedlerhöfen in Richtung Oftersheim. Danach nach rechts und in zwei links-rechts-Haken in Richtung Straße und Kurpfalzhöfe. Mit der Ampel (Knopf drücken nicht vergessen) über die Straße und weiter durch die Kurpfalzhöfe, dahinter nach rechts, kurz darauf nach links auf Eppelheim zu.

Einkehrmöglichkeit: Eiscafé Bianchi, Reilingen, hinter der Kirche; in St. Leon einige Gaststätten und zwei Eiscafés in der Marktstraße.

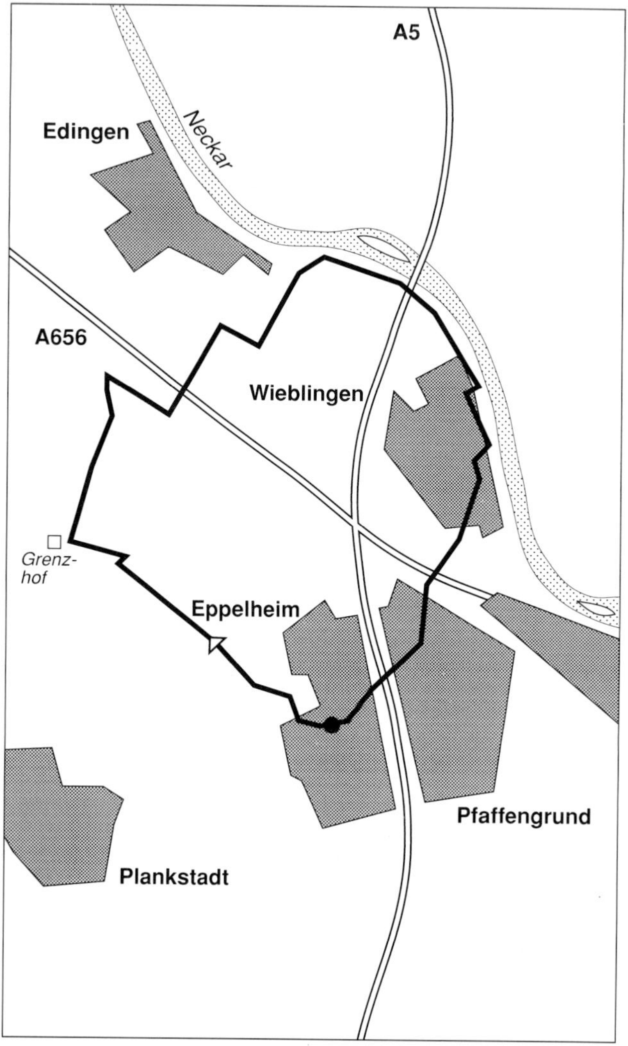
A5
Neckar
Edingen
A656
Wieblingen
Grenz-
hof
Eppelheim
Pfaffengrund
Plankstadt

8 Grenzhof

Ausgangspunkt: Eppelheim, Wasserturm, oder Wieblingen
Gesamtlänge: 15 km, 1–2 Stunden
Schwierigkeitsgrad: Kleine Rundtour ohne Schwierigkeiten »für zwischendurch«. Nur im Berufsverkehr stärker befahrene Straßen.
Karte: Radwanderkarte West

Wir beginnen diese kleine Rundtour in der *Hauptstraße* in Eppelheim und kommen in Richtung Friedhof auf den *Grenzhöfer Weg*, der uns auf einer ruhigen Fahrt durch die Felder zum südlichen Rand der Grenzhof-Siedlung bringt. Diese Strecke ist werktags stärker befahren; wollen wir sicher gehen, können wir sie über *Wasserturm-* und *Handelsstraße* ein Stück umgehen. Wir fahren um die Siedlung herum auf die Straße nach Edingen und auf die Eisenbahnbrücke. Von hier aus können wir gut die »Vorsortierung« der Bahnlinien beobachten: Die Züge nach Frankfurt fahren hier schon auf einem anderen Gleis als die nach Mannheim, um dann in Friedrichsfeld reibungslos abbiegen zu können.

Von dem Weg aus, in den wir dann rechts einbiegen, halten wir auf die Autobahnbrücke und den Wasserturm zu; jenseits der B 37 führt ein Weg zum Neckarufer, dem wir bis Wieblingen wieder ohne Autoverkehr folgen können.

Nach Eppelheim zurück fahren wir in Wieblingen am Neckarufer geradeaus durch bis fast ans Ende der Straße, biegen dann mit der *Klostergasse* auf die

Mannheimer Straße ein, überqueren diese und fahren mit *Wallstraße* und *Dammweg* zum Pfaffengrund. Nach Autobahn und Eisenbahnlinie geht rechts die *Friedrich-Schott-Straße* nach Eppelheim hinüber.

Sind wir in Wieblingen gestartet, fahren wir jetzt auf der *Hauptstraße* weiter, an der Linkskurve geradeaus weiter und auf den *Grenzhöfer Weg*.

Einkehrmöglichkeit: Nicht nur Kindern schmeckt ein Eis in der Eisdiele in der Mannheimer Straße in Wieblingen.

Notizen

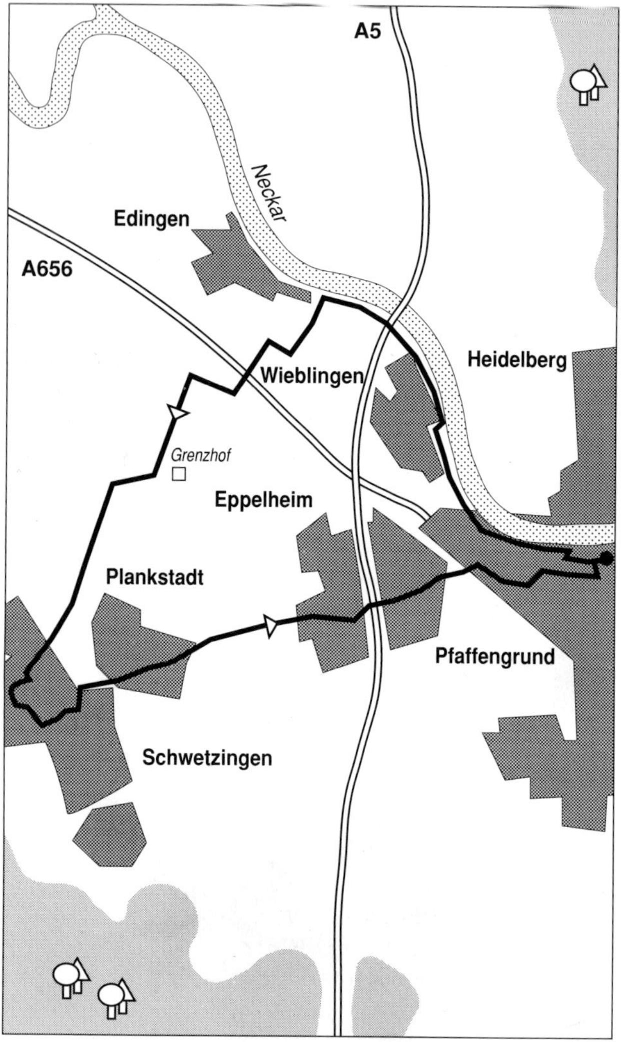
A5
Neckar
Edingen
A656
Heidelberg
Wieblingen
Grenzhof
Eppelheim
Plankstadt
Pfaffengrund
Schwetzingen

9 Schwetzingen

Ausgangspunkt: Bergheimer Straße
Gesamtlänge: 26 km, 2–3 Stunden
Schwierigkeitsgrad: Ebene Strecke, keine Steigungen. Öffentliche Straße (wenig befahren) zwischen Edingen und Schwetzingen.
Karte: Radwanderkarte West

Von der *Bergheimer Straße* kommen wir über die Fußgänger- und Radfahrerampeln sicher auf die Uferstraße, auf der wir ab dem Stauwehr den Radweg nach Wieblingen benützen können. In Wieblingen biegen wir bei der Kirche nach rechts auf die Klostergasse ab und fahren durch die Absperrung über den großen Platz auf den Weg, der am Neckar entlang führt.

Der Neckar zeigt hier noch sein altes Gesicht, der Kanal führt die Schiffe am anderen Ufer weiter. Schon aber wird bekanntlich diskutiert, den Kanal für größere Schiffe zu erweitern. Wir radeln diesen gut geteerten Weg entlang, kommen mit seiner Linkskurve wieder auf die B 37 zurück und überqueren sie zum Wasserturm hin. Von hier aus steuern wir über die Brücke der Autobahn, dann auf die schon sichtbare Eisenbahnbrücke zu und kommen, am kleinen Friedhof der Siedlung vorbei, zum Grenzhof. An der Straßengabelung bei den Häusern können wir, wenn die Sonne zu heiß brennt, unter dem großen Baum eine erste Rast einlegen.

Hier zweigen wir nach rechts von der Straße ab und folgen dem geteerten Fahrweg bis Schwetzingen. Unsere Fahrt geht dabei an Aussiedlerhöfen vorbei, dann durch das Industriegebiet, man kann hier schon im kleinen die Veränderungen einer Landschaft beobachten.

In Schwetzingen bleiben wir zunächst auf dem *Grenzhöfer Weg*, überqueren dann die B 36, bleiben aber geradeaus und kommen in die *Augustastraße* und an deren Ende zum Rand des Schloßparks. Von hier aus können wir nach links zur Stadtmitte fahren, wo am *Schloßplatz* (schöne Bürgerhäuser des 18. Jahrhunderts) Straßenwirtschaften und Straßencafés zur wohlverdienten Pause einladen. Wer zuvor den Schloßpark umrunden will, hält sich von der obengenannten Einmündung der *Augustastraße* an, nachdem er rechts abgebogen ist, links, kommt am »römischen« Aquädukt (Wasserleitung nach römischen Vorbildern, im 18. Jahrhundert bereits als Ruine gebaut) vorbei und erreicht, den Schloßpark immer zur Linken, an der Einmündung der *Ketscher Landstraße* die *Zähringer Straße*, mit der er nach links zur Stadtmitte kommt. Der Schloßpark lohnt auf jeden Fall einen Besuch, entweder heute oder mit unserer »Kurfürsten-Tour« (Nr. 10).

Zum Rückweg nach Heidelberg halten wir uns zunächst nach den Wegweisern nach Plankstadt, fahren aber nach der Eisenbahnüberführung links, parallel der *Schwetzinger Straße*, über *Hebelstraße* und *Brühler Weg* weiter. Zwischen Plankstadt und Eppelheim führt uns ein Radweg (links der Straße) sicher weiter; die *Hauptstraße* in Eppelheim umgehen wir über *Blumenstraße* (nach der Straßenbahn-Endhaltestelle rechts einbiegen) und *Mozartstraße*. Im Pfaffengrund benützen wir wieder den Radweg an der *Eppelheimer Straße* und kommen nach der *Czerny-*

Brücke über die *Alte Eppelheimer Straße* zu unserem Ausgangspunkt zurück.

Einkehrmöglichkeiten: Zahlreiche Restaurants an Schloßstraße und Schloßplatz in Schwetzingen, Schloß-Café im Schloßgarten.

Schwetzingen

Das Schwetzinger Schloß wurde auf den Resten einer mittelalterlichen Wasserburg ab dem frühen 16. Jahrhundert als kurfürstliches Jagd- und Lustschloß umgebaut. Zerstörungen im 30jährigen Krieg und im Pfälzischen Erbfolgekrieg 1689. Wiederaufbau nach 1650 und nach 1690.

Der heutige Bestand gliedert sich in drei Bauetappen: Dem 16. Jahrhundert gehört der linke Uhrturm und der anschließende Querflügel an, der Bautätigkeit des Kurfürsten Johann Wilhelm (des Düsseldorfers, dort als Jan Wellem in einem Reiterdenkmal verewigt) die Gartenfassade, unter Karl Theodor entstanden schließlich um 1750 die Zirkelbauten.

Ab 1748 wurden großzügige Neubaupläne entworfen, die den Mittelbau des alten Schlosses durch einen repräsentativen Rokokobau ersetzen sollten. Damit in Verbindung steht die großzügig geplante Gartenanlage.

Der Garten enthält nicht nur Staffage- und Kulissenelemente, die romantische Stimmung erzeugen sollten. Jedes Bauwerk im Garten ist Träger einer Idee, der sich der Bauherr verpflichtet fühlt und die er damit dokumentiert: Der Apollotempel verkündet die Förderung der Musen, der Merkurtempel die Förderung des Handels, die Moschee schließlich (mit den Sprüchen im Innern) die Verpflichtung auf orientalische Weisheit, Aufklärung und Toleranz.

Interessant ist die Schwetzinger Schloß-Achse, eine Linie, die geradewegs vom Gipfel des Königstuhls zum Gipfel des Kalmit südwestlich von Neustadt führt. Diese Achse entsprang dem Willen des Kurfürsten, die Landschaft rationalistischer Planung zu unterwerfen. Sie wurde 1734 zur Straße ausgebaut und später mit Maulbeerbäumen bepflanzt; sie läßt sich aber als Plan schon seit Anfang des 18. Jahrhunderts nachweisen. In Heidelberg folgen ihr noch der Verlauf der Franz-Knauff- und der Heinrich-Lanz-Straße, dann der Baumschulenweg und seine Verlängerung bis zum Schwetzinger Schloß, schließlich die Achse des Schloßparks selbst und der Feldweg hinter dem Park bis zur Autobahn. Links des Rheins läßt sie sich im Straßennetz nicht mehr feststellen.

Notizen

24.04.2010 Samstag
Tour ab Brunnengasse: 31,6km
Picknick mit Erdbeeren,
unterwegs Spargel gekauft

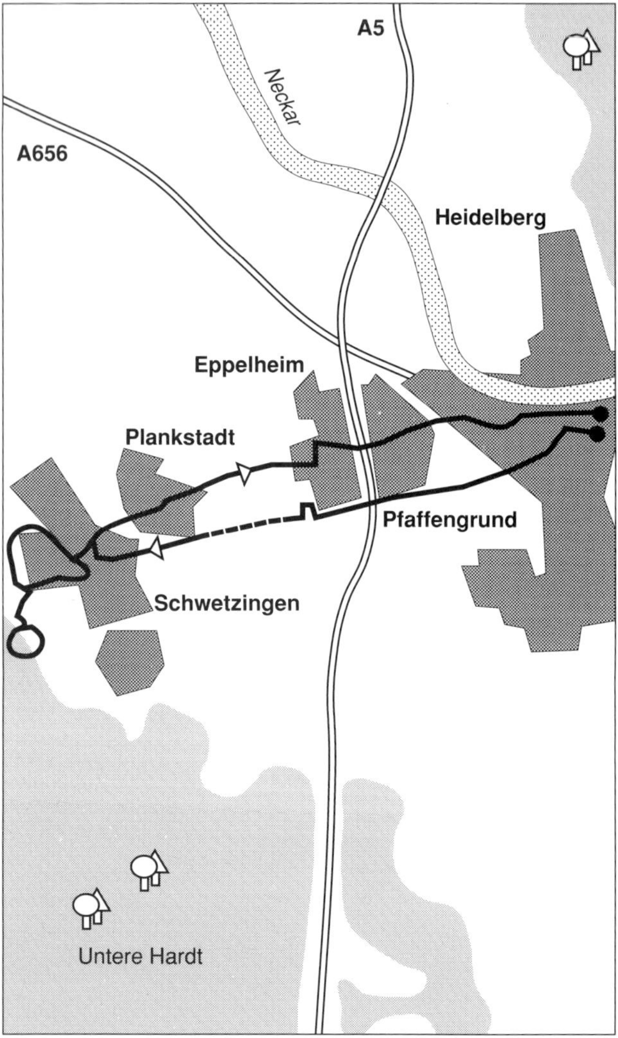
A5
Neckar
A656
Heidelberg
Eppelheim
Plankstadt
Pfaffengrund
Schwetzingen
Untere Hardt

10 Schwetzingen (»Kurfürsten-Tour«)

Ausgangspunkt: Bismarckplatz
Gesamtlänge: 24 km, 2–3 Stunden (ohne Besuche und Besichtigungen)
Schwierigkeitsgrad: Keine Steigungen, aber teilweise schlechte Wege.
Karte: Radwanderkarte West
Zum größten Teil als *»Kurpfalzroute«* ausgeschildert.

Vom Bismarckplatz aus mit den Radwegen an *Kurfürstenanlage, Ringstraße* und *Speyerer Straße* zur Abzweigung des *Baumschulenweges* hinter der Eisenbahnunterführung am Alten Meßplatz. Auf diesem Weg könnten wir theoretisch immer geradeaus bis zum Eingang des Schwetzinger Schlosses kommen. Nach der Autobahnbrücke vor Eppelheim überqueren wir die *Bahnhofstraße,* kommen zum Sportplatz und umfahren dieses Sportgelände nach links. Dann können wir uns entscheiden: Für eine schlechte Wegstrecke, die fahrerisches Können und Aufmerksamkeit erfordert, kommen wir nach dem Sportplatz wieder nach links auf die alte Strecke zurück. Rechter Hand führt streckenweise ein zweiter Weg, beide sind nicht immer in gutem Zustand, so daß wir immer wieder den Schlaglöchern und Wasserpfützen ausweichen müssen. Das Gebüsch in der Mitte kennzeichnet den Verlauf der alten Bahnlinie von Heidelberg nach Schwetzingen (1873 gebaut, 1964 stillgelegt). Diese Bahnlinie ist auch der Grund, warum zwei Brückchen nebeneinander über die Autobahn führten.

Für eine gemütliche Tour empfiehlt es sich eher, hinter dem Sportgelände weiter geradeaus zu fahren und dieses Stück Weg über ein ausgeschildertes Stück der *»Kurpfalzroute«* zu umgehen. Von der *Kirchheimer Straße* zweigt dazu bald die *Birkigstraße* ab und führt über den *Brunnenweg* weiter nach Plankstadt. In zwei Links-rechts-Haken werden wir mit der *»Kurpfalzroute«* auf den Weg entlang der alten Bahnlinie am Südrand von Plankstadt geführt und kommen ohne viel Verkehr nach Schwetzingen.

In Schwetzingen selbst können wir uns entscheiden, ob wir die Schienen unmittelbar am Bahnhof mit der Unterführung unter- oder lieber mit der Brücke nebenan überqueren. Die *Schloßstraße* setzt jedenfalls die befahrene Achse fort. Am Schloß selbst wenden wir unsere Räder zunächst nach links und fahren über *Hebelstraße, Kronenstraße* und *Maschinenweg* immer am Schloßpark entlang. Am Wasserkastell biegen wir wieder links ein und sehen an der dritten Einmündung durch den Zaun auf Schloßteich und Schloß. Das ist die Fortsetzung unserer »Kurfürsten-Achse«, sie geht nach links noch ein Stück weiter auf Ketsch zu. Dieser Weg wurde angelegt, als Kurfürst Karl Theodor nach 1750 eine wesentliche Erweiterung des Schloßparks plante, die das ganze Gelände zwischen hier und dem Ketscher Altrhein umfassen sollte (zum Weg selbst siehe Stichwort »Schwetzingen«).

Wir halten uns indessen weiter auf dem Weg um den Park herum und erreichen bald die Einmündung in die Straße nach Ketsch. Hier, wo das Häuschen steht, sollte nach den Plänen des Kurfürsten noch ein Lustschloß, ein »Belvedere«, zu stehen kommen.

Für die nächste Station halten wir uns nach rechts auf den Radweg und überqueren an der Ampel die B 36. Jenseits führt ein Weg in den Wald hinein; schon am Parkplatz (Damwildgehege) sehen wir nach rechts einen Weg abzweigen, der in einer leichten Rundung im Wald verschwindet. Folgen wir dem Hauptweg weiter in den Wald, finden wir uns nach kurzer Zeit an einer Gruppe von Bänken, wo sechs Wege sternförmig abgehen. Das ist der Mittelpunkt der »Sternallee« genannten Anlage, einer geplanten Erweiterung des Schloßparks in diese Richtung. Alle Pläne aber, die über den jetzigen Bestand hinausgingen, scheiterten an der Finanzierung. Das Projekt sollte durch einen aufwendigen Schloßbau an der Stelle des alten Schlosses gekrönt werden.

Der Schloßpark selbst lohnt natürlich immer einen Besuch, die Räder stellt man dazu zweckmäßigerweise hinter dem Eingangstor zum Schloß ab.

Zum Rückweg nach Heidelberg halten wir uns zunächst wieder nach den Wegweisern der *»Kurpfalzroute«* und kommen an Plankstadt vorbei nach Eppelheim. Hier können wir entweder weiter den Wegweisern folgen und durch den Ort durchfahren (an der Eissporthalle vorbei und an der Autobahn entlang) oder an der Einmündung der *Birkigstraße* in die *Kirchheimer Straße* nach rechts, um das Sportgelände herum und wieder in Richtung Rudolf-Wild-Werke auf die alte Strecke nach Heidelberg.

Einkehrmöglichkeiten: Zahlreiche Restaurants an Schloßstraße und Schloßplatz in Schwetzingen, Schloß-Café im Schloßgarten.

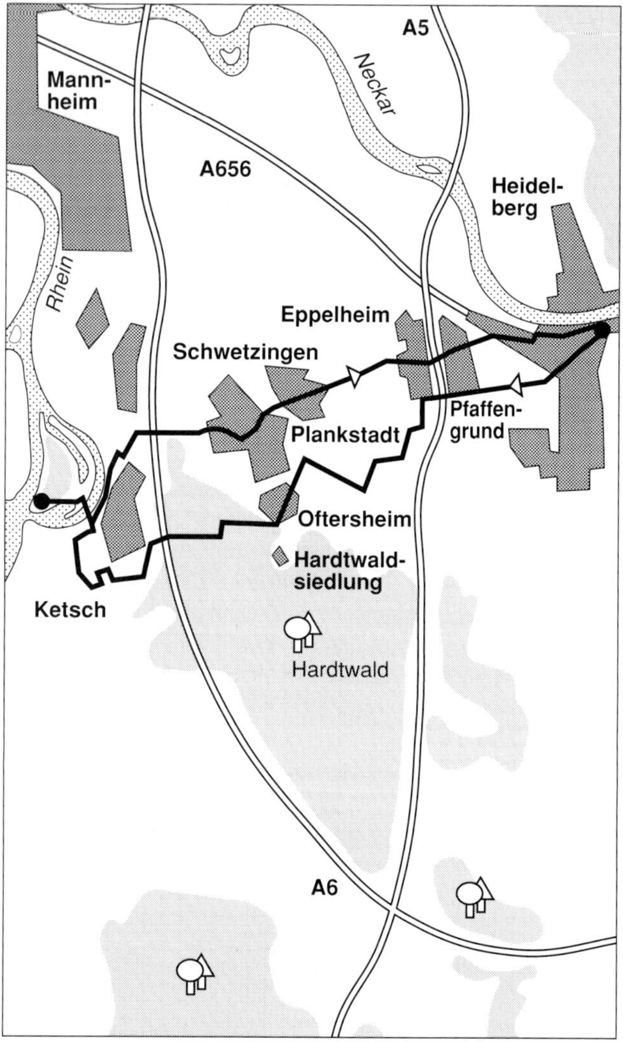
A5
Neckar
Mann-
heim
A656
Heidel-
berg
Rhein
Eppelheim
Schwetzingen
Pfaffen-
grund
Plankstadt
Oftersheim
Hardtwald-
siedlung
Ketsch
Hardtwald
A6

11 Ketsch

Ausgangspunkt: Bismarckplatz
Gesamtlänge: 34 km (ohne Altrhein-Rundfahrt), 3–4 Stunden
Schwierigkeitsgrad: Ebene Strecke, keine Steigungen. Einige Radwege an öffentlichen Straßen; für ruhigeres Fahren mit Tour 3 nach Oftersheim und mit Tour 10 oder ab Schwetzingen über Grenzhof und Eppelheim zurück.
Karte: Radwanderkarte West

Vom Bismarckplatz aus mit den Radwegen an *Kurfürstenanlage, Ringstraße und Speyerer Straße* zur Abzweigung des *Baumschulenweges* hinter der Eisenbahnunterführung am Alten Meßplatz. Mit diesem Weg immer geradeaus bis über die Autobahn, an der Vorfahrtsstraße dann (es ist die *Bahnhofstraße* von Eppelheim her, die als *Stückerweg* in die Speyerer Straße mündet) zunächst nach links, vor der Patrick-Henry-Village dann nach rechts, um die Siedlung herum zum Kurpfalzhof. Dahinter mit der Ampel über die Straße nach Schwetzingen und nach rechts auf dem Radweg weiter, an der nächsten Kreuzung dann nach links nach Oftersheim (links auf dem Radweg bleiben).

In Oftersheim kann man bei ruhigem Verkehr auf der *Heidelberger Straße* bleiben, sonst hinter der Tankstelle nach links auf den *Hardtwaldring* ausweichen. Von der *Heidelberger Straße* kommend an der Einmündung in die *Mannheimer Straße* links versetzt geradeaus weiter auf die Hardtwaldsiedlung zu (Wegweiser *Walldorf*). Hier mündet auch der *Hardt-*

waldring wieder ein. Am Ortsende, vor der Überführung über die neue B 291, biegen wir nach rechts in den *Wingertsweg* ab. Die Felder hier im sanft welligen Dünengelände tragen meist Spargelkulturen, die in dem tiefen Sandboden gut gedeihen. Wir folgen dem Weg über die Bahnlinie weg und finden uns bald durch gut angebrachte Wegweiser durch den Wald in Richtung Ketsch geleitet.

Am Waldrand fahren wir links, dann wieder rechts neben der Eisenbahnlinie unter der Brücke durch und kommen auf den Wirtschaftsweg hoch. Über die Schnellbahntrasse und über die Autobahn kommen wir so zu den ersten Häusern von Ketsch. Nach der Brückenabfahrt wenden wir uns links und kommen mit dem Weg zum Gelände der Firma Aldi. Etwas links von der Einmündung dieses Wegs auf die Autostraße zweigt ein Weg ab, der uns entsprechend der alten Fahrtrichtung wieder ins freie Gelände bringt. Über ein Brückchen gelangen wir auf die linke Seite des Kraichbachs und folgen dem Dammweg am Baggersee vorbei bis zur Einmündung in die Autostraße von Ketsch nach Speyer. Hier halten wir uns rechts in Richtung Ketsch und kommen nach wenigen hundert Metern zu einer Brücke über den Altrhein, über die wir auf einen schönen Rundweg durch den Auwald und zum Rheinufer gelangen. Hier sorgen auch eine Grillhütte und ein Spielplatz für die Bedürfnisse von klein und groß. Hinter der Brücke rechts liegt ein großes Wildschweingehege.

Zum Rückweg folgen wir der Straße am Altrheinufer in Richtung Brühl, verlassen diese aber bereits 250 m nach dem Ortsende, um in einen für den Kfz-

Verkehr gesperrten Wirtschaftsweg einzubiegen. Er bringt uns nach 1200 m zu einer Kreuzung im freien Feld, wo wir uns erst rechts, dann unmittelbar darauf wieder links zur Autobahnbrücke hin halten und uns so nach kurzer Fahrt durch die Felder am hinteren Rand des Schwetzinger Schloßparks finden. Nach links kommen wir über *Maschinenweg* und *Kronenstraße* in die Innenstadt von Schwetzingen.

Zum Rückweg nach Heidelberg halten wir uns zunächst nach den Wegweisern nach Plankstadt, fahren aber nach der Eisenbahnüberführung links, parallel der *Schwetziger Straße*, über *Hebelstraße* und *Brühler Weg* weiter. Zwischen Plankstadt und Eppelheim führt uns ein Radweg (links der Straße) sicher weiter; die *Hauptstraße* in Eppelheim umgehen wir über *Blumenstraße* (nach der Straßenbahn-Endhaltestelle rechts einbiegen) und *Mozartstraße*. Im Pfaffengrund benützen wir wieder den Radweg an der *Eppelheimer Straße* und kommen nach der *Czerny-Brücke* über die *Alte Eppelheimer Straße* zu unserem Ausgangspunkt zurück.

Einkehrmöglichkeiten: Pizzeria und Café Da Mario oder Zum Enderle, beide an der Kirche in Ketsch, gut ißt man im Hirsch, Hockenheimer Straße 47; dann zahlreiche Restaurants an Schloßstraße und Schloßplatz in Schwetzingen, Schloß-Café im Schloßgarten.

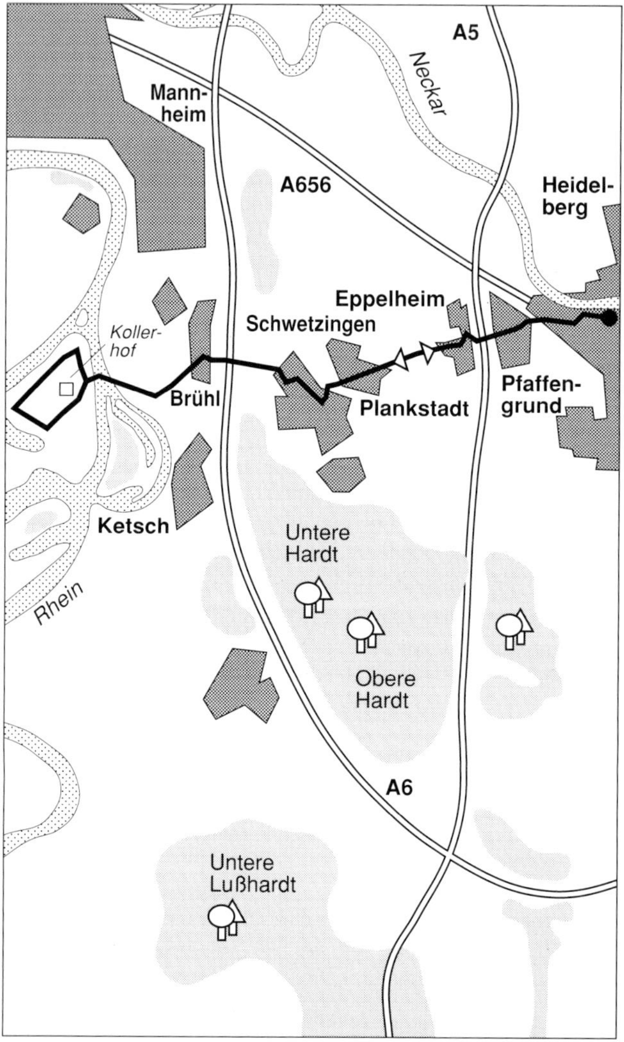
A5
Neckar
Mann-
heim
A656
Heidel-
berg
Eppelheim
Schwetzingen
Koller-
hof
Brühl
Plankstadt
Pfaffen-
grund
Ketsch
Untere
Hardt
Rhein
Obere
Hardt
A6
Untere
Lußhardt

12 Koller

Ausgangspunkt: Bismarckplatz
Gesamtlänge: 34 km, 2–3 Stunden
Schwierigkeitsgrad: Leichte Tour zum Altrhein, durchweg auf öffentlichen Straßen mit mittlerem Verkehrsaufkommen. Sollte nur von zügigen Tourenfahrern unternommen werden, da das Hauptaugenmerk auf dem Zielgebiet liegt.
Karte: Radwanderkarte West

Da diese Tour uns möglichst rasch zu unserem Ziel bringen soll, benützen wir für Hin- und Rückweg die öffentlichen Verkehrsstraßen und fahren von Heidelberg über den Pfaffengrund, Eppelheim, Plankstadt und Schwetzingen nach Brühl. Hier zweigt nach dem Ortsausgang von der Straße nach Ketsch nach rechts die Straße zur Kollerhoffähre ab und führt uns schon nach wenigen hundert Metern am Altrhein entlang.

Mit der Fähre setzen wir über den Rhein und befinden uns in einer Altrhein-Schlinge, »Koller« genannt, die kurioserweise auch nach der Rheinbegradigung noch zum Land Baden-Württemberg gehört. Die Grenze zum Land Rheinland-Pfalz verläuft erst rechter Hand am Waldrand, der den südlichen Teil des hier verlandeten Altwassers markiert. Wir haben jetzt sowohl die Möglichkeit, auf dem Damm eine Runde um die Wiesen (größtenteils Bruch- und Feuchtwiesen) zu drehen, als auch ein Stück der Straße zu folgen, dann im Wald links einzubiegen und den Weg in den Wald hinein bis zu einem ausgebaggerten See einzuschlagen. Fotoamateure mit Geduld finden hier sicher zahlreiche lohnende Objekte. Zum Rückweg benutzen wir dieselbe Strecke, nach der Fähre über Brühl, Schwetzingen, Plankstadt und Eppelheim zur Stadt zurück.

Einkehrmöglichkeiten: Schwetzingen (siehe Touren 9 – 11).

Der besondere Tip: Das Fahrrad aufs Autodach packen und bis hinter Brühl fahren; Parkplatz vor der Fähre. Im Herbst eine besonders lohnende Tour, wenn die erste Buntfärbung des Waldes sich im Wasser spiegelt. An Hochsommerabenden nicht zu empfehlen (Schnaken!).

Die Kollerhoffähre verkehrt vom 1. April bis 30. September zwischen 10.00 und 19.30 Uhr, im Oktober von 10.00 bis 15.00 Uhr (!), jeweils außer Montag und Dienstag.

Flußschlingen (Mäander)

Unter den eiszeitlichen Klimabedingungen war der Boden bis in große Tiefen gefroren und konnte kaum Sickerwasser aufnehmen. Deswegen führten Flüsse und Bäche bei Regen und Schneeschmelze erheblich mehr Wasser als heute.

Diese Hochwasser ließen die Flüsse große Mengen an Schotter, Geröll, Sand und Schlamm mit sich führen und sich in den Überschwemmungsgebieten ablagern. Dieses Material bildete regelrechte Dämme entlang der Flüsse, die dann die Nebenflüsse in eine parallele Richtung zum Rhein drängten. Das ist der Grund, warum alle Flüsse im Oberrheintal nach ihrem Austritt aus dem Gebirge zunächst sich nach Norden wenden.

Auch der Neckar floß früher von Heidelberg nach Norden, mäandrierte am Odenwaldrand entlang, bis er schließlich bei Groß-Gerau den Durchbruch schaffte.

Ein Fluß, der in der Ebene fließt, bildet immer Schlingen, Mäander genannt (nach den Flußschlingen des Mäander in der westlichen Türkei); ein Hochwasser verändert den Hauptstrom, bildet Altwasser oder schüttet Flußarme wieder zu.

In unserem Raum finden wir die Rheinschlingen natürlich entlang des Rheins, das Hochufer, das wir bei Altlußheim verlassen, ist die Grenze. Neckarschlingen finden wir nördlich von Ladenburg und um Heddesheim herum. Das kräftig ausgebildete Mäandersystem des Kraichbachs finden wir bei Reilingen und Hockenheim wieder.

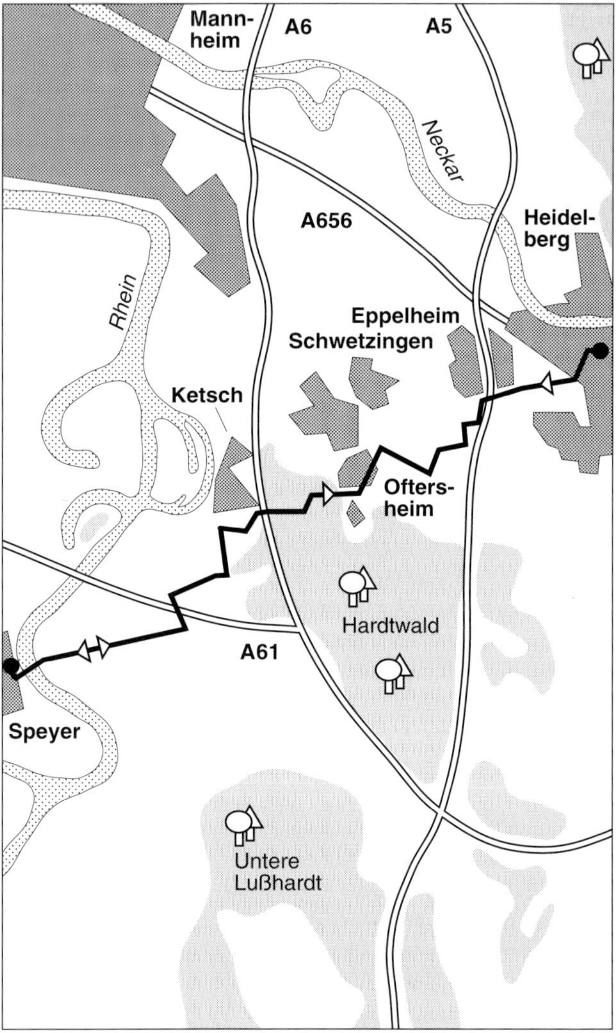
Mann-
heim
A6
A5
Neckar
A656
Heidel-
berg
Rhein
Eppelheim
Schwetzingen
Ketsch
Ofters-
heim
Hardtwald
A61
Speyer
Untere
Lußhardt

13 Speyer

Ausgangspunkt: Bergheimer Straße
Gesamtlänge: 51 km; 4–5 Stunden
Schwierigkeitsgrad: Leichte Tour in der Ebene, je nach Umfang des Besuchsprogramms (genügend Zeit einplanen) sollte eine höhere Fahrgeschwindigkeit angestrebt werden.
Karte: Radwanderkarte West

Vom Bismarckplatz aus auf den Radwegen an der *Kurfürstenanlage, Ringstraße und Speyerer Straße* zur Abzweigung des *Baumschulenweges* hinter der Eisenbahnunterführung am Alten Meßplatz. Mit diesem Weg (bei stärkerem Verkehr über »Kurfürstenroute« ausweichen) immer geradeaus bis über die Autobahn, an der Vorfahrtsstraße dann (es ist die *Bahnhofstraße* von Eppelheim her, die als *Stückerweg* in die Speyrer Straße mündet) zunächst nach links, vor der Patrick-Henry-Village dann nach rechts, um die Siedlung herum zum Kurpfalzhof. Dahinter mit der Ampel über die Straße nach Schwetzingen und nach rechts auf dem Radweg weiter, an der nächsten Kreuzung dann nach links nach Oftersheim (links auf dem Radweg bleiben).

In Oftersheim kann man bei ruhigem Verkehr auf der *Heidelberger Straße* bleiben, sonst hinter der Tankstelle nach links auf den *Hardtwaldring* ausweichen. Von der *Heidelberger Straße* kommend an der Einmündung in die *Mannheimer Straße* links versetzt geradeaus weiter auf die Hardtwaldsiedlung zu (Wegweiser *Walldorf*). Hier mündet auch der *Hardtwaldring* wieder ein. Am Ortsende, vor der Überführung über die neue B 291, biegen wir nach rechts in den *Wingertsweg* ab. Durch Spargelfelder, über die Bahnlinie weg finden wir uns bald durch gut angebrachte Wegweiser durch den Wald in Richtung Ketsch geleitet.

Am Waldrand fahren wir links, dann wieder rechts neben der Eisenbahnlinie unter der Brücke durch und kommen auf den Wirtschaftsweg hoch. Über die Schnellbahntrasse und über die Autobahn kommen wir so zu den ersten Häusern von Ketsch. Nach der Brückenabfahrt wenden wir uns links und kommen mit dem Weg zum Gelände der Firma Aldi. Die Straße von Ketsch nach Hockenheim überqueren wir und fahren rechts der Straße parallel weiter. Nach ca. 1000 m rechts ab. Geradeaus halten wir uns jetzt auf den langsam in Sicht kommenden Pylon der Autobahnbrücke zu.

In Sichtweite des Autobahnanschlusses (große blaue Schilder) fahren wir an der Wegkreuzung nach links auf die Straße zu, überqueren diese und die Autobahn und halten uns an der Einmündung dahinter wieder nach rechts auf Speyer zu. Auf der ehemaligen Bahnlinie Schwetzingen–Speyer kommen wir so bis zum Luxhof und zur Rheinbrücke.

Die Perlen Speyers brauchen keine Erläuterung: Dom, Kaisergräber, Landesmuseum, Altpörtel sind uns allen bekannt und lohnen auch einen zweiten oder dritten Besuch. Das Verkehrsbüro hat gutes Prospektmaterial zur Hand (Maximilianstraße, auf dem Weg zum Altpörtel links).

Zum Rückweg verlassen wir Speyer wieder auf dem Radweg an der linken Seite der Rheinbrücke, unterqueren auf der anderen Seite die Brücke und kommen auf der alten Bahnlinie zur Autobahn-Anschlußstelle. Mit einem Links-rechts-Haken finden wir wieder die Richtung nach Ketsch. Bei der Firma Aldi überqueren wir wieder die Straße und folgen dahinter dem *weißen* ⊥ und später dem ausgeschilderten Radweg nach Oftersheim, über Autobahn, Schnellbahntrasse und unter der B 36 weg in den Wald. In Oftersheim über *Mannheimer* und *Heidelberger Straße*, an der Kreuzung nach rechts bis zum Kurpfalzhof, durch diesen durch, an der Patrick-Henry-Village vorbei, vor Eppelheim dann rechts *(Rudolf-Wild-Straße)* und geradeaus durch auf den *Baumschulenweg*. Auf den Radwegen an der *Speyerer Straße* und der *Ringstraße* zurück zum Ausgangspunkt.

Einkehrmöglichkeiten: Eiscafé in der Maximilianstraße in Speyer; Restaurant Pfalzgraf, Gilgenstr. 26b (hinter dem Altpörtel links, Do. geschlossen).

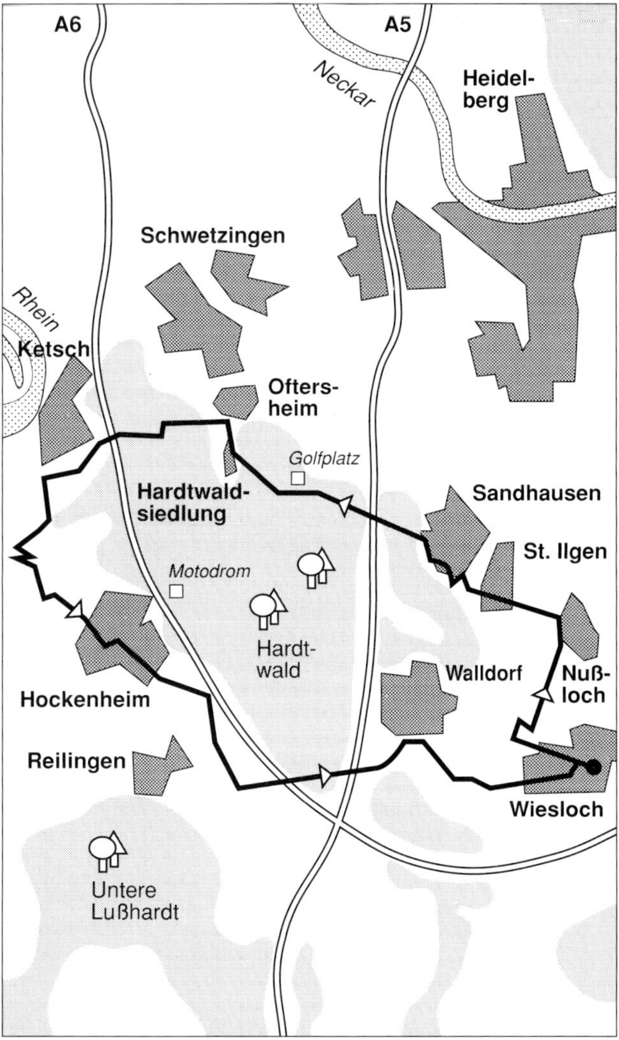
A6
A5
Neckar
Heidelberg
Schwetzingen
Rhein
Ketsch
Oftersheim
Golfplatz
Hardtwaldsiedlung
Sandhausen
St. Ilgen
Motodrom
Hardtwald
Walldorf
Nußloch
Hockenheim
Reilingen
Wiesloch
Untere Lußhardt

14 Hardtwaldrunde

Ausgangspunkt: Wiesloch, Schulzentrum
Gesamtlänge: 42 km, 4 Stunden
Anschluß von Heidelberg über Sandhausen mit Tour 2 (60 km, 6 Stunden)
Schwierigkeitsgrad: Leichte Tour in der Ebene, keine Steigungen, im gesamten Umfang ab Heidelberg nur für Tourenfahrer mit guter Kondition, sonst evtl. längere Pausen einplanen. Hoher Waldanteil, öffentliche Straßen zwischen Nußloch und Sandhausen.
Karte: Radwanderkarte West

Für diese Tour starten wir vom Schulzentrum in der *Parkstraße* aus nach Westen und folgen vor der neuen B 3 dem *Bruchsaler Straße* genannten Wirtschaftsweg nach Norden, bis Nußloch. Hier kommen wir an der zweiten Kreuzung auf die *Massenstraße*, deren Radweg uns über St. Ilgen nach Sandhausen bringt. Hinter der Kreuzung mit der Umgehungsstraße an der großen Düne nach links *(Am Forst)*, dann rechts versetzt weiter *(Alte Poststraße)*, schließlich links in die *Waldstraße*, schon sind wir am großen Hardtwald. Auf dem *Postweg* kommen wir jetzt auf unbefestigtem, aber hartgefahrenem Weg in ca. 5 km nach Oftersheim (*weißes* ⊥ als Wegzeichen).

Der Weg führt vor Oftersheim an der neuen B 291 entlang und mündet am Ortsanfang. Dort geht schon in Sichtweite der *Wingertsweg* weiter in westliche Richtung (Radwegweiser). Das sanft wellige Dünengelände, sonst meist im Wald gelegen, liegt hier offen und trägt Spargelkulturen, die in dem tiefen Sandboden gut gedeihen. Wir folgen dem Weg über die Bahnlinie und finden uns bald durch gut angebrachte Wegweiser durch den Wald in Richtung Ketsch geleitet.

Am Waldrand fahren wir rechts, dann wieder rechts neben der Eisenbahnlinie unter der Brücke durch und kommen nach links auf den Wirtschaftsweg hoch. Über die Schnellbahntrasse und über die Autobahn kommen wir so zu den ersten Häusern von Ketsch. Nach der Brückenabfahrt wenden wir uns links und kommen mit dem Weg zum Gelände der Firma Aldi. Die Straße von Ketsch nach Hockenheim überqueren wir und fahren rechts der Straße parallel weiter. Nach ca. 1000 m rechts ab und am Geflügelhof vorbei. An der nächsten Wegkreuzung halten wir uns links auf die Hochspannungsleitung zu und erreichen die Straße nach Speyer. Hier biegen wir links ein, verlassen die Straße aber nach 100 m wieder nach rechts (Klärwerk). Auf der linken Seite des Baches erreichen wir Hockenheim und fahren geradeaus weiter durch die schmale Unterführung und an der Einmündung nach rechts. Abkürzungsmöglichkeit für Zeiten ruhigen Verkehrs: Von Aldi auf dem Radweg entlang der Straße nach Hockenheim.

In Hockenheim geht unser Weg an der Kirche links auf der *Heidelberger Straße* weiter und folgt dann nach rechts der *Parkstraße*, die wir bis zum Ende durchfahren. Mit der *Adenauerstraße* verlassen wir die Stadt wieder (nach links) in Richtung Reilingen. Der Wirtschaftsweg führt zunächst auf die Autobahn zu und knickt dann ab, Reilingen bleibt rechts liegen, an der Kreuzung am Friedhof finden wir einen Radwegweiser nach Walldorf. Hinter dem Wersauer Hof, wenn der Kehrgraben unseren Weg zu begleiten anfängt, biegen wir nach rechts ein, auf die Häuser und die Autobahnbrücke zu. Auf diesem Weg kommen wir bis Walldorf und nehmen dann den Radweg an der (alten) B 39 nach Wiesloch zurück.

Nach Heidelberg zurück können wir von Reilingen an am Friedhof dem *weißen* ⊥ folgen und über die Autobahnraststätte und Bruchhausen nach Kirchheim kommen.

Einkehrmöglichkeiten: In Hockenheim einige Gaststätten in der Unteren und Oberen Hauptstraße; ein Eiscafé am Anfang der Heidelberger Straße.

Biblis

Zwischen Reilingen und Hockenheim heißt ein alter Umlaufberg des Kraichbachs Biblis, bei Pfungstadt gibt es ein Wasserbiblos, ebenfalls ein Umlaufberg, hier des eiszeitlichen Neckars, dann das allseits bekannte Biblis natürlich.

Die Lage zeigt schon, daß es etwas mit Wasser und einer Erhebung im Wasser zu tun haben muß. Der Name kommt angeblich von mittellat. *bibilosus*; mit Binsen bewachsen.

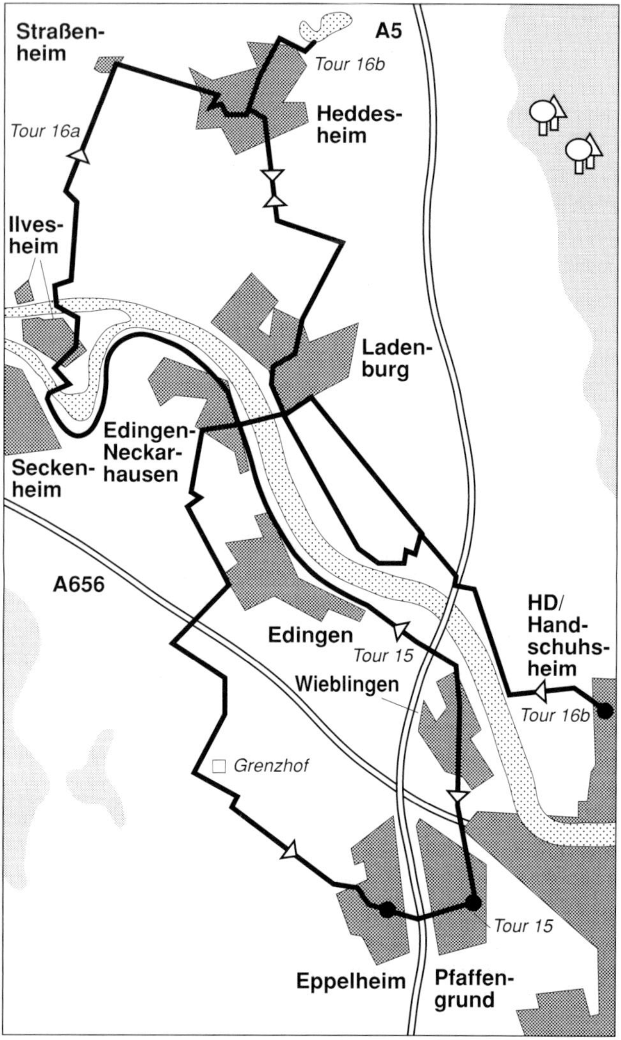

Straßen-
heim
A5
Tour 16b
Heddes-
heim
Tour 16a
Ilves-
heim
Laden-
burg
Edingen-
Neckar-
hausen
Secken-
heim
A656
HD/
Hand-
schuhs-
heim
Edingen
Tour 15
Wieblingen
Tour 16b
Grenzhof
Tour 15
Eppelheim
Pfaffen-
grund

15 Grenzhof – Ladenburg

Ausgangspunkt: Pfaffengrund, Eppelheimer Straße
Gesamtlänge: 23 km, 2–3 Stunden
Schwierigkeitsgrad: Keine Schwierigkeiten, leichte Tour für zwischendurch. Öffentliche Straßen zwischen Neckarhausen und Edingen.
Karte: Radwanderkarte West

Vom Pfaffengrund aus überqueren wir zunächst die Autobahn und kommen dann von der *Hauptstraße* in Eppelheim in Richtung Friedhof auf den *Grenzhöfer Weg*, der uns durch die Felder zum südlichen Rand der Grenzhof-Siedlung bringt. Diese Strecke ist werktags stärker befahren, wollen wir sicher gehen, können wir sie über die Autobahnbrücke des *Wieblinger Wegs*, dann über *Wasserturm-* und *Handelsstraße* ein Stück umgehen. Am Grenzhof angelangt fahren wir um die Siedlung herum auf die Straße nach Edingen und auf die Eisenbahnbrücke. Noch vor der Autobahn können wir diese Straße nach links verlassen und die Autobahn auf der darauf folgenden Brücke überqueren – sie hat einen flacheren Anstieg.

Vor Edingen wenden wir uns nach links, fahren geradeaus durch und kommen an die Kreuzung der Straße von Friedrichsfeld her mit der B 37. Mit der Ampel passieren wir die Kreuzung sicher in Richtung Neckarhausen. Ein linker Hand parallel verlaufender Feldweg ermöglicht uns, dem Autoverkehr auszuweichen. Von Neckarhausen aus können wir entweder mit der Fähre nach Ladenburg übersetzen (das gibt der Tour mehr Ausflugscharakter) oder unser

Fahrrad auf dem Fußweg der Eisenbahnbrücke über den Neckar schieben. Eine Altstadt-Rundfahrt per Fahrrad bietet sicher interessantere Bilder, als man das vom Auto her kennt. Nur das Pflaster ist ein bißchen holprig.

Zum Rückweg benutzen wir von Neckarhausen aus die Straße nach Edingen und biegen hinter Edingen nach links auf den Wirtschaftsweg ein. Er beginnt beim Wasserturm und führt am Neckar entlang ohne Autoverkehr nach Wieblingen, von wo aus wir über *Wallstraße* (von der *Klostergasse* aus jenseits der Mannheimer Straße schräg nach links), *Dammweg* und *Kurpfalzring* zurück zum Pfaffengrund gelangen.

Einkehrmöglichkeit: Zahlreiche Lokale in Ladenburg, Eiscafé am Rathaus.

Ladenburg

Vorrömische keltische Siedlung Lokwodunum, im 1. Jahrhundert nach Christus große Siedlung der Neckarsueben, wohl von den Römern veranlaßt. Spätestens 74 n. Chr. ein römisches Holzkastell, um 90 n. Chr. Steinkastell. Um 100 n. Chr. wieder abgerissen, Bau der Zivilsiedlung (vicus) mit Forum. Unter Kaiser Trajan (98-117) Hauptort der Civitas Ulpia Sueborum Nicretium. Im 2./3. Jahrhundert Ausbau: 2 Thermen, ein Theater (das einzige rechts des Rheins), Marktbasilika. 6000–8000 Einwohner.

Mit Beginn der Alemanneneinfälle Befestigung der Stadt (Anf. des 3. Jahrhunderts), erste Plünderungen 233, Eroberung 260. Reste römischer Besiedlung bis 400.

An Resten bestehen noch heute:

Marktbasilika bei der Galluskirche; Mauerzüge rechts der Kirche im Garten, Mauerwerk der Apsis in der Krypta der Kirche (11. Jh., Eingang links am Chor, Lichtschalter seitlich oben an der Treppe, bitte hinterher wieder ausschalten).

Umriß des Steinkastells von 90 n. Chr. im Straßenpflaster nachgezeichnet.

An mittelalterlichen Resten bestehen:

Romanischer Turm der Sebastianskapelle (12. Jh., Steinhelm 13. Jh.);

Mauerring (ab dem 12. Jh.) mit Resten links des Bischofshofes;

Galluskirche (Krypta 11. Jh, Chor 13. Jh., Langhaus 14. Jh., Türme 15. Jh., Fassade 19. Jh.).

16a Seckenheim – Heddesheim

(Erweiterung von Tour 15)

Ausgangspunkt: Eppelheim, Wasserturm
Gesamtlänge: 35 km, 3–4 Stunden
Schwierigkeitsgrad: Leichte Tour, für aufmerksame Beobachter interessante Fahrt durch das Gebiet alter Neckarschlingen. Wenig befahrene öffentliche Straßen zwischen Grenzhof und Edingen und zwischen Straßenheim und Heddesheim.
Karte: Radwanderkarte West

Zunächst wie Tour 15 über den Grenzhof oder wie Tour 17 nach Neckarhausen. Abkürzungsmöglichkeit von der Ampelkreuzung vor Neckarhausen auf dem Radweg nach links nach Seckenheim. Sonst auf dem Radweg parallel der Straße, später mit der Straße selbst zum Schloß. Links auf die *Edinger Straße* und bis zum Ortsausgang. Hier biegen wir nach rechts auf den Weg zum Damm hin ein und erreichen die *Hauptstraße* Seckenheims. Auf dem Radweg der Brücke überqueren wir den Neckar und folgen dem Zug der Ilvesheimer *Brückenstraße* in Richtung Ladenburg.

Am Schloß (Blindenschule) knickt die Vorfahrtsstraße nach rechts ab, wir bleiben geradeaus auf der *Schloßstraße* und halten uns hinter dem Schloß nach rechts auf die *Heddesheimer Straße*, mit der wir den Neckarkanal überqueren. Hinter der Brücke nehmen wir die rechte der beiden Abfahrten und folgen dem Heddesheimer Weg nach links auf die Aussiedlerhöfe zu. Der Name dieses Gewanns, *Altwasserfeld*, zeigt, daß noch vor gar nicht allzu langer Zeit hier alte Neckararme waren, die mit der Zeit verlandet sind. Daher rühren auch die flachen Senken im Verlauf des Weges.

Unser Weg überquert inzwischen die Straße nach Ladenburg und Wallstadt wie auch die nach Heddesheim und setzt sich jenseits geradeaus weiter fort. So kommen wir schließlich nach Straßenheim und knikken hier erst mit der Straße nach Heddesheim ab. Die flache Senke, die wir jetzt durchfahren, ist der alte Neckarlauf, an dessen Ufer von 1400 Jahren das Dorf Straßenheim an der Stelle, wo die Römerstraße diesen Neckararm überquerte, gegründet wurde. Beim Ortsschild verrät eine Stelle mit Schilfrohr die tiefste und zugleich feuchteste Stelle dieser »Überfahrt«.

Haben wir klares Wetter und gute Sicht, können wir vor der Abzweigung zunächst noch einige Meter weiter geradeaus in Richtung Viernheim fahren. Links zwischen und hinter den Häusern sehen wir durch alle Baulücken Mannheims hindurch geradewegs auf die Türme der Jesuitenkirche am Schloß.

In Heddesheim biegen wir am Stop-Schild nach rechts auf die Unterdorfstraße und fahren mit ihr nach links, dann geradeaus weiter, bis nach der Ampel die *Weidigstraße* von der *Oberdorfstraße* rechts abbiegt. Ihr folgen wir, überqueren die *Werderstraße* und befinden uns auf dem ausgeschilderten Radweg nach Ladenburg. Wir schwenken bei den Höfen nach links, hinter der Bahnlinie dann wieder nach rechts ab. In Ladenburg halten wir uns weiter in dieser Richtung und erreichen über *Kurzgewann-* und *Schulstraße* die *Hauptstraße*. Hier kommen wir nach rechts zum Marktplatz und weiter zum jenseitigen Ende der Altstadt in Richtung Ilvesheim. Von der Kreuzung aus entweder nach links zur Fähre oder geradeaus weiter zur Eisenbahnbrücke und wie Tour 15 oder 17 zurück zum Ausgangspunkt.

Einkehrmöglichkeiten: in Heddesheim oder zahlreiche Lokale in Ladenburg, Eiscafé am Rathaus.

16b Heddesheim (Badesee)

(Anschlußtour von Ladenburg)

Ausgangspunkt: Neuenheim / Handschuhsheim
Gesamtlänge: ca. 35 km, für die einfache Strecke etwa 1½ – 2 Stunden
Schwierigkeitsgrad: Leichte Tour in der Ebene

Bis Ladenburg mit Tour 15, 16a oder 17, der direkte Weg geht über das Neuenheimer Feld und die alte Römerstraße (Neubotzheim).

Vom Neckar kommend in Ladenburg bis zum Wasserturm, dann geradeaus weiter in Richtung Wallstadt/Heddesheim, an der Vorfahrtsstraße rechts *(Schwarzkreuzstraße)*, bis links die *Kurzgewannstraße* abgeht. Von Neubotzheim kommend die *Heidelberger Straße* durch bis zur *Kirchstraße*, dann rechts zum Marktplatz, rechts in die *Hauptstraße* bis zur nächsten Straße links. Das ist die *Schulstraße*, deren Verlängerung die *Kurzgewannstraße* ist. Von hier leitet uns der Rad-Wegweiser unter der Unterführung durch bis Heddesheim. Hier fahren wir weiter geradeaus in die *Weidigstraße*, nach rechts in die *Oberdorfstrasse,* dann nach links in die *Friedhofstraße* und mit ihr und ihrer Verlängerung, der *Ahornstraße*, bis zum Badesee.

Zum Rückweg benützen wir dieselbe Strecke, von der Kreuzung am Badesee aus geradeaus in den Ort hinein, rechts auf die *Oberdorfstraße* und wieder links in die *Weidigstraße*. Hier beginnt der beschilderte *Schulweg nach Ladenburg*. Bei den Höfen müssen wir nach links, hinter der Bahnlinie wieder nach rechts und unter der Unterführung durch auf die *Kurzgewannstraße*. Ab hier geht es wieder über *Schulstraße, Hauptstraße, Marktplatz, Kirchstraße* zur *Heidelberger Straße* und nach Heidelberg zurück.

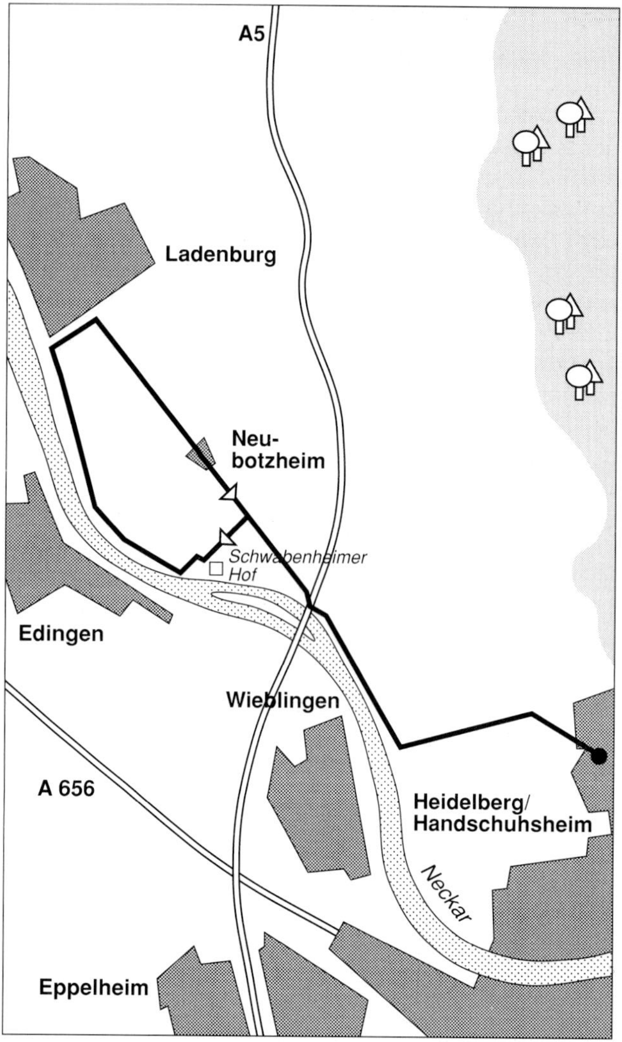
A5
Ladenburg
Neu-
botzheim
Schwabenheimer
Hof
Edingen
Wieblingen
A 656
Heidelberg/
Handschuhsheim
Neckar
Eppelheim

17 Handschuhsheim – Ladenburg

Ausgangspunkt: Handschuhsheim, Hans-Thoma-Platz
Gesamtlänge: 18 km, 2 Stunden
Schwierigkeitsgrad: Besonders leichte Tour, ausschließlich auf verkehrsfreien Wirtschaftswegen (nur Anliegerverkehr); besonders geeignet für Familien mit Kindern. Teststrecke: Wer die Strecke in einer Stunde schafft, ist fit für größere Touren.
Karte: Radwanderkarte West

Vom *Hans-Thoma-Platz* aus (gegenüber dem OEG-Bahnhof) kommen wir über die *Hans-Thoma-Straße* zur Kreuzung mit der Mühlingstraße beim Supermarkt. Wir biegen nach links in die *Mühlingstraße* ein und folgen dem Weg – er heißt später *Ladenburger Weg* – durch die Obst- und Gemüsefelder der Handschuhsheimer Bauern bis zur Einmündung in den von den Sportplätzen herziehenden *Allmendpfad*. Hier halten wir uns links, beim Klärwerk nach rechts und kommen auf gut befahrbarem Weg unter der Autobahn durch zur Einmündung in die Straße von Dossenheim zum Schwabenheimer Hof. Dort halten wir uns nach links zum Neckar hinunter und folgen dann nach rechts dem Lauf des Neckars bis zu den Ladenburger Neckarwiesen. Der Weg ist gut befahrbar und fordert, wenn nicht zu viele Spaziergänger unterwegs sind, zu einer kleinen Wettfahrt heraus. Linker Hand unter uns liegen die Feuchtwiesen des Neckars mit großen Erlenbüschen.

Bei der Fähre am Ladenburger Neckarufer biegen

wir rechts ab auf die Straße und folgen ihr bis zum Wasserturm *(Karl-Benz-Straße)*. An der Kreuzung dort fahren wir nach rechts in die Altstadt hinein.

Für den Rückweg nehmen wir die *Heidelberger Straße*, die an der Merian-Schule von der *Kirchstraße* abzweigt. Wenn wir uns immer geradeaus halten, kommen wir auf der alten Römerstraße durch die Aussiedlerhöfe von Neubotzheim (haben Sie schon vorher von dem Ort gehört?), über die Straße von Dossenheim her weg und unter der Autobahn durch, dann rechts wieder zum Klärwerk. Nach dem Klärwerk fahren wir geradeaus weiter (nicht wieder nach links wie auf der Herfahrt, auch nicht nach rechts zum Neckar zurück) und lenken erst an der nächsten Kreuzung unsere Räder nach links. So kommen wir wieder auf den *Ladenburger Weg*, in seiner Verlängerung auf die *Mühlingstraße*, aber gleich am Anfang von Handschuhsheim nach rechts auf die *Husarenstraße* (die Zeppelinstraße ist Einbahnstraße) und mit dem *Angelweg* zurück zum Hans-Thoma-Platz.

Einkehrmöglichkeiten: Zahlreiche Lokale in Ladenburg, Eiscafé am Rathaus. (Zu Ladenburg: siehe entsprechendes Stichwort am Ende von Tour 15.)

Notizen

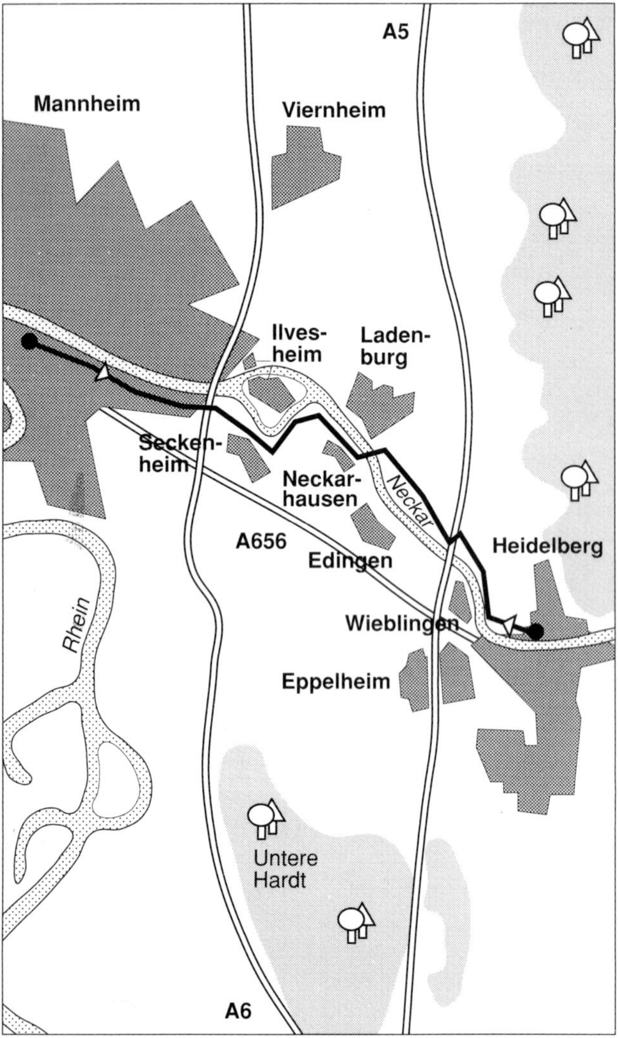
A5
Mannheim
Viernheim
Ilves-
heim
Laden-
burg
Secken-
heim
Neckar-
hausen
Neckar
A656
Edingen
Heidelberg
Wieblingen
Rhein
Eppelheim
Untere
Hardt
A6

18 Mannheim

Ausgangspunkt: Neuenheim oder Handschuhsheim
Gesamtlänge: 22 km (die einfache Strecke), ca. 2 Stunden
Schwierigkeitsgrad: Leichte Tour auf autofreien Wegen. Wem der Rückweg zu lang wird, kann mit der Bahn zurückfahren.
Karte: Radwanderkarte West

Am Neckarufer wenden wir uns neckarabwärts und bleiben bis zum Wehr auf dem Radweg. Ab da wird der Weg direkt am Kanal schlechter und wir können rechter Hand parallel weiter, am Tiergarten, dann am Schwimmbad und am Bundesleistungszentrum vorbei.

Von der *Mönchhofstraße* mit der Ampel über die *Berliner Straße*, dann nach rechts, an den Instituten vorbei und nach links auf die Straße *Im Neuenheimer Feld*. An der Einmündung bei den Sportanlagen wenden wir uns nach rechts.

Von Handschuhsheim aus über die *Mühlingstraße*, später *Ladenburger Weg*, durch die Obst- und Gemüsefelder der Handschuhsheimer Bauern bis zur Einmündung in den von den Sportplätzen herziehenden *Allmendpfad*.

Wir radeln jetzt durch die Gemüse- und Obstfelder geradeaus weiter, um die Kläranlage herum zur Autobahnunterführung. Immer weiter geradeaus kommen wir mit dem Zug der alten Römerstraße durch die Höfe von Neubotzheim und weiter nach Ladenburg. Unterwegs kommen wir an einem römischen Jupiterstein vorbei, dann an einem mittelalterlichen Sühnekreuz, zum Gedenken an eine Messerstecherei hier errichtet.

Ist uns das Pflaster in der Ladenburger Altstadt zu holprig, fahren wir bei den Sportanlagen gleich nach links zum Neckar hin und können entweder gleich mit der Fähre nach Neckarhausen übersetzen oder über *Neckarstraße* und *Bahnhofstraße* (nach links) zur Eisenbahnbrücke und den Neckar auf deren Fußweg überqueren. Nach rechts führen *Hauptstraße* und *Seckenheimer Straße* zum Ortsausgang. Hier biegen wir nach rechts auf den Weg zum Damm hin ein, kommen an der Häusern von Neckarplatten vorbei (die gehören zu Ilvesheim) und erreichen Seckenheim. Wir bleiben am Neckar, unterqueren die Brücke und haben einen autofreien Radweg vor uns, der uns mit einigen Links-rechts-Haken, vorbei am Stadtteil Neuostheim, am Luisenpark mit seinem Fernmeldeturm und am Collini-Center, geradewegs mitten in die Stadt bringt *(Kurpfalzkreisel)*.

Zum Rückweg nehmen wir dieselbe Strecke, starten an der *Kurpfalzbrücke* und radeln in gemächlicher Fahrt am Neckar entlang nach Neuostheim, bei der Neckarbrücke hinunter zum Campingplatz und auf dem asphaltierten Weg über das Platzgelände. In Seckenheim unterqueren wir wieder die Brücke und fahren auf den *Wörthfelder Weg* hoch, der uns nach Neckarhausen bringt. Ist uns der Autoverkehr zu dick, können wir vor Neckarhausen über *Dieselstraße* und *Neckarstraße* (nochmal links, dann erst rechts) zur Eisenbahnbrücke kommen. In Ladenburg über *Bahnhof-* und *Neckarstraße* (Richtung Fähre Neckarhausen) bis zum Schwimmbad, dann links an den Sportanlagen vorbei und am Weg nach Neubotzheim wieder rechts. Jetzt haben wir wieder die alte Römerstraße erreicht, die uns geradewegs nach Handschuhsheim und Neuenheim bringt.

Einkehrmöglichkeiten: Eiscafés in Mannheim auf den Planken und in Ladenburg am Rathaus (Hauptstraße); ein Café in Neckarhausen am Hallenbad (bei der Fähre).

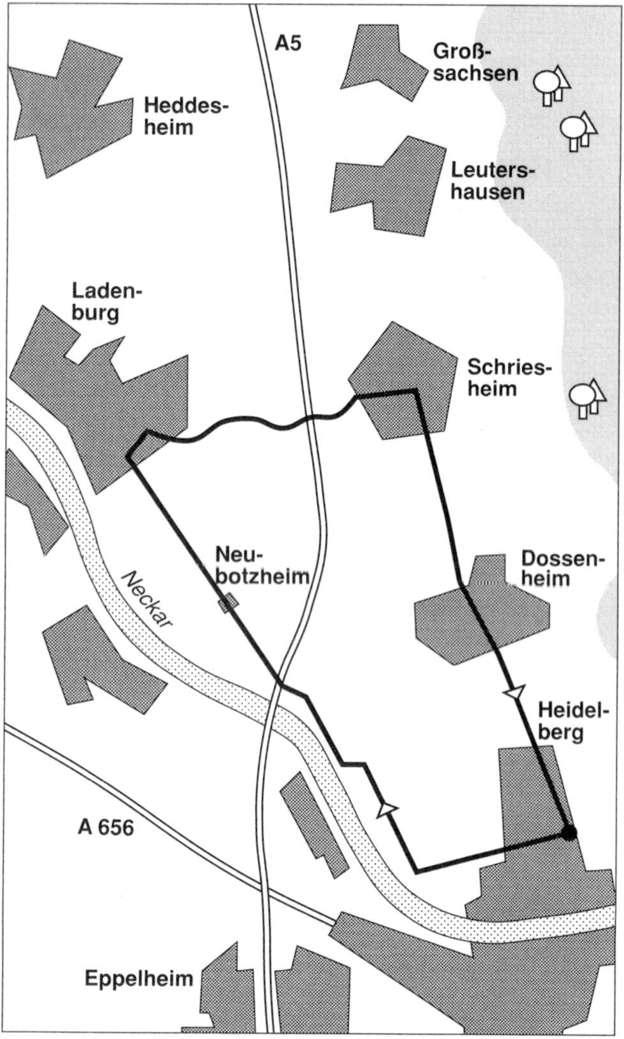
A5
Groß-
sachsen
Heddes-
heim
Leuters-
hausen
Laden-
burg
Schries-
heim
Neu-
botzheim
Dossen-
heim
Neckar
Heidel-
berg
A 656
Eppelheim

19 Ladenburg – Schriesheim

Ausgangspunkt: Neuenheim, Mönchhofstraße
Gesamtlänge: 22 km, 2 Stunden
Schwierigkeitsgrad: Einfache Tour parallel zum Neckar, nur geringe Steigungen im zweiten Teil zwischen Schriesheim und Handschuhsheim.
Karte: Radwanderkarte West

Von der *Mönchhofstraße* mit der Ampel über die *Berliner Straße*, dann nach rechts, an den Instituten vorbei und nach links auf die Straße *Im Neuenheimer Feld*. An der Einmündung bei den Sportanlagen wenden wir uns nach rechts zum Bundesleistungszentrum und radeln durch die Gemüse- und Obstfelder geradeaus weiter, um die Kläranlage herum zur Autobahnunterführung. Immer weiter geradeaus kommen wir mit dem Zug der alten Römerstraße durch die Höfe von Neubotzheim und weiter nach Ladenburg. Unterwegs kommen wir an einem römischen Jupiterstein vorbei, dann an einem mittelalterlichen Sühnekreuz, zum Gedenken an eine Messerstecherei hier errichtet.

In Ladenburg fahren wir durch bis in die Altstadt, halten uns dort rechts *(Kirchstraße)*, kommen am Marktplatz auf die *Hauptstraße*, halten uns wieder rechts und verlassen die Altstadt in Richtung Heidelberg/Schriesheim. An der Einmündung fahren wir ganz rechts einige Meter in die Trajanstraße hinein und biegen nach links auf den Radweg ein, der uns hinter den Häusern parallel zur Schriesheimer Straße weiterbringt. Wo er auf die Straße zurückmündet, beginnt jenseits der Straße der *Schriesheimer Fuß-*

weg, auf dem wir ohne Autoverkehr geradewegs bis Schriesheim radeln können.

In Schriesheim folgen wir der Straße, auf die wir einmünden, bis zur Ampel und fahren auch jenseits der B 3 geradeaus weiter bis zur *Heidelberger Straße*. Hier biegen wir rechts ein, folgen aber nicht der ausgeschilderten Richtung nach Heidelberg, sondern fahren weiter geradeaus, etwas den Berg hinauf, und finden uns bald auf dem befestigten Feldweg nach Dossenheim. Kurz vor dem Ort, beim Schotterwerk, fahren wir in einem scharfen Rechts-links-Haken zum Schotterwerk hinunter und folgen der Straße hinter den Halden geradeaus bis zur Einmündung in die *Schwabenheimer Straße*. Hier links hoch bis zum Rathausplatz, dann rechts ab und geradeaus halten in die *Friedrichstraße*. Wenn diese nach rechts über die OEG-Schienen weg abbiegt (zur B 3) hin, fahren wir links den Berg hoch, bis nach rechts der *Dossenheimer Weg* abgeht, der uns durch die Obstgärten nach Handschuhsheim bringt. Über die *Burgstraße*, an der Tiefburg vorbei und über die *Steubenstraße* kommen wir wieder nach Neuenheim zurück.

Einkehrmöglichkeiten: in Schriesheim Adler, Landstraße 40; Goldene Rose, Talstraße 39; ein Eiscafé weiter oben in der *Talstraße*.

Notizen

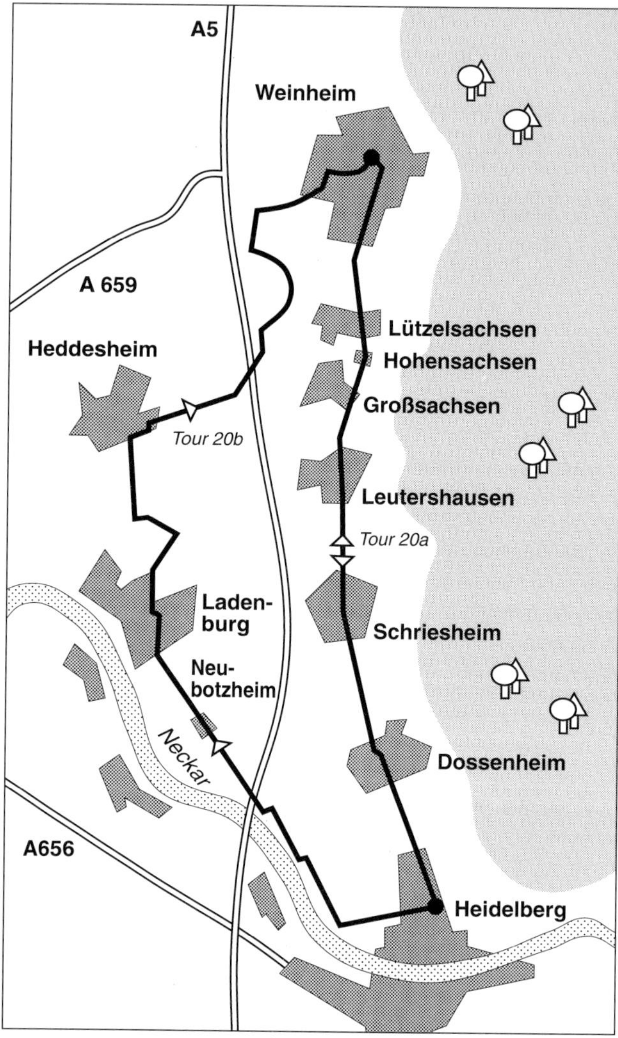
A5
Weinheim
A 659
Heddesheim
Lützelsachsen
Hohensachsen
Großsachsen
Tour 20b
Leutershausen
Tour 20a
Laden-
burg
Schriesheim
Neu-
botzheim
Neckar
Dossenheim
A656
Heidelberg

20a Weinheim (Obere Bergstraße)

Ausgangspunkt: Neuenheim, Mönchhofplatz/Bergstraße
Gesamtlänge: 34 km, 3–4 Stunden
Schwierigkeitsgrad: Tour mit geringen Steigungen am Rand der Vorberge, abwechslungsreiche Fahrt durch Gärten und Weinberge, ab Hohensachsen innerhalb des Stadtgebiets. Sonntags starker Fußgängerverkehr.
Karte: Radwanderkarte West

Wir folgen zunächst der *Bergstraße* in nördlicher Richtung auf Handschuhsheim zu, biegen nach links auf den *Kapellenweg* ab und fahren gleich darauf auf der *Handschuhsheimer Landstraße* weiter. Wenig später finden wir uns vor der Tiefburg, die wir der Einbahnstraße gemäß zur Kirche hin umfahren. Von hier führt uns die *Burgstraße* mit wenig Verkehr weiter. Kurz vor ihrer Einmündung auf die Dossenheimer Landstraße (bei der Tankstelle) lenken wir nach rechts in die *Derweinstraße* und folgen dem Wirtschaftsweg am Hang nach Dossenheim.

Am Ortseingang von Dossenheim müssen wir zunächst nach links die Straße hinab, dann aber nach rechts in die *Friedrichstraße* und diese vor bis zum Rathausplatz. Hier ein wenig nach rechts und wieder links ab auf die steil ansteigende *Silbershohl* vor uns. Über den *Alten Gassenweg,* dann rechts geht unser Weg weiter geradeaus auf Schriesheim zu, immer parallel der B 3, deren Verkehr wir von oben beobachten können. Begleiteten uns vor Dossenheim noch Obst- und Gemüseäcker, so tritt hier der Weinbau zunehmend in den Vordergrund, und je nach Jahreszeit können wir das stetige Wachstum der Reben bis hin zur Buntfärbung im Herbst verfolgen.

In Schriesheim weichen wir der Einbahnstraßen-Richtung nach links aus und kommen über die *Talstraße* wieder zur *Leutershäuser Straße* zurück. Auf Leutershausen zu sind es mehr die Mais- und Getreidefelder, die das Bild entlang des Weges bestimmen, nur oben am Hang grüßt ein Weingut ins Tal herab. Der Leutershausener Tropfen ist übrigens längst kein »Geheimtip« mehr, sondern ein allgemein bekanntes vorzügliches Gewächs. Bis an den Waldrand hoch oben ziehen sich die Rieslinglagen den Hang hinauf.

Leutershausen können wir geraden Weges durchqueren, ebenso Großsachsen, das uns mit einer kurzen, aber kräftigen Steigung empfängt, denn was wir auf der einen Seite hinuntergefahren sind, müssen wir auf der anderen Seite wieder hinauf.

Vor Hohensachsen schwenken wir nach rechts zum Ort hin ein, dann aber gleich wieder nach links, um unsere alte Richtung wiederzugewinnen. Hier macht sich schon das Einzugsgebiet der Stadt Weinheim bemerkbar, wir bleiben im Stadtgebiet bis zur Innenstadt selbst. Am Endpunkt unseres Ausflugs stehen der Schloßpark und dahinter der Marktplatz mit einigen Cafés und Eisdielen.

Der Rückweg geht genauso einfach wie der Herweg. Vom Schloßpark auf der *Lützelsachsener Straße* immer geradeaus, vor Großsachsen am Holzkreuz (rechts der Straße) nach links, dann wieder den Berg hoch und weiter über Leutershausen nach Schriesheim. In Schriesheim die Einbahnstraße nach rechts umgehen. Haben wir uns einmal verfahren und sind auf der B 3 gelandet, finden wir sicher schnell den nächsten Weg zurück auf unsere Strecke.

In Schriesheim die Einbahnstraße nach rechts umgehen, von der *Heidelberger Straße* dann aber nicht nach Heidelberg weiter, sondern geradeaus, ein wenig den Berg hinauf, um auf den Weg am Hang zu kommen. Kurz vor Dossenheim, beim Schotterwerk, fahren wir in einem scharfen Rechts-links-Haken zum Schotterwerk hinunter und folgen der Straße hinter den Halden geradeaus bis zur Einmündung in die *Schwabenheimer Straße*. Hier links hoch bis zum Rathausplatz, dann rechts ab und geradeaus halten in die *Friedrichstraße*. Wenn diese nach rechts über die OEG-Schienen weg abbiegt (zur B 3 hin), fahren wir links den Berg hoch, bis nach rechts der *Dossenheimer Weg* nach Handschuhsheim abgeht. Über die *Burgstraße*, an der Tiefburg vorbei und hoch zur *Bergstraße* kommen wir wieder nach Neuenheim zurück.

Einkehrmöglichkeiten: Cafés und Eisdielen am Marktplatz in Weinheim, dann Grüner Baum und Karlsberg, beide in der Hauptstraße, Schloßpark-Café (teuer, aber schön).

Löß

Das dritte Erbstück der eiszeitlichen Klimaverhältnisse sind die Lößhänge am Rand des Odenwaldes und im Kraichgau. Sie entstanden zur selben Zeit wie die Dünen in der Oberrheinebene und als Folge derselben Erscheinung: Ein kräftiger Wind blies den feinen Schluff (Schlammstaub) aus den Ablagerungen des Rheins und wehte ihn zum Teil kilometerweit entfernt wieder zu mächtigen Ablagerungen an.

Der Löß ist stark kalkhaltig, was ihn zu einem sehr guten Ackerboden macht. Daneben verbäckt der Löß zu einem recht harten Boden. Das ermöglicht die Bildung von Hohlwegen und die Anlage von Kellern und Stollen im Löß.

20b Weinheim (in der Ebene)

Ausgangspunkt: Neuenheim, Mönchhofplatz/Bergstraße
Gesamtlänge: 22 km (einfache Strecke), 2–3 Stunden
Schwierigkeitsgrad: Leichte Tour in der Ebene, ohne Steigungen.
Karte: Radwanderkarte West

Vom *Hans-Thoma-Platz* aus (gegenüber dem OEG-Bahnhof) kommen wir über *Hans-Thoma-Straße* und *Mühlingstraße* (später *Ladenburger Weg*) durch die Obst- und Gemüsefelder der Handschuhsheimer Bauern bis zur Einmündung in den von den Sportplätzen herziehenden *Allmendpfad*. Hier halten wir uns links, beim Klärwerk nach rechts und kommen auf gut befahrbarem Weg unter der Autobahn immer geradeaus weiter durch die Siedlung Neubotzheim bis Ladenburg.

Hier fahren wir die *Heidelberger Straße* durch bis zur *Kirchstraße*, dann rechts zum Marktplatz, rechts in die *Hauptstraße* bis zur nächsten Straße links. Das ist die *Schulstraße*, deren Verlängerung die *Kurzgewannstraße* ist. Von hier leitet uns der Rad-Wegweiser unter der Unterführung durch bis Heddesheim. Hier fahren wir weiter geradeaus in die *Weidigstraße*, nach rechts in die *Oberdorfstraße*, dann nach links in die *Friedhofstraße*. Der Weg führt unmittelbar am Friedhof vorbei und mit der Verlängerung der *Bismarckstraße* nach rechts aus dem Ort hinaus in Richtung auf das Industriegebiet. Dahinter fahren wir ein kurzes Stück an der Bahnlinie entlang, unterqueren die Autobahn, halten uns links an der Autobahn entlang, knicken mit dem Weg nach rechts ab und kommen zum Weinheimer Stadtteil Waid.

Wenn die Straße *(Junkerstraße*, dann *Hammerweg)* jetzt eine große Linkskurve beschreibt, folgt sie damit einer alten Neckarschlinge. Hier liegen auch der Waidsee und das Miramar. Wir bleiben noch ein Stück auf dem Weg, bis kurz vor der Autobahn ein Weg nach rechts abbiegt, der dann in der Weinheimer Weststadt *Theodor-Heuss-Straße* heißt. Zur Weiterfahrt ins Stadtzentrum (Schloßpark) nach rechts über *Breslauer Straße* immer geradeaus durch, über Umgehungsstraße, Bahnlinie und alte B 3 weg, schließlich die *Prankelstraße* bergauf zum Schloß. Um weiter nach Lorsch zu kommen, fahren wir hinter den OEG-Schienen rechts versetzt in die *Pappelallee* und auf die Ampelkreuzung am Autobahnzubringer zu.

Notizen

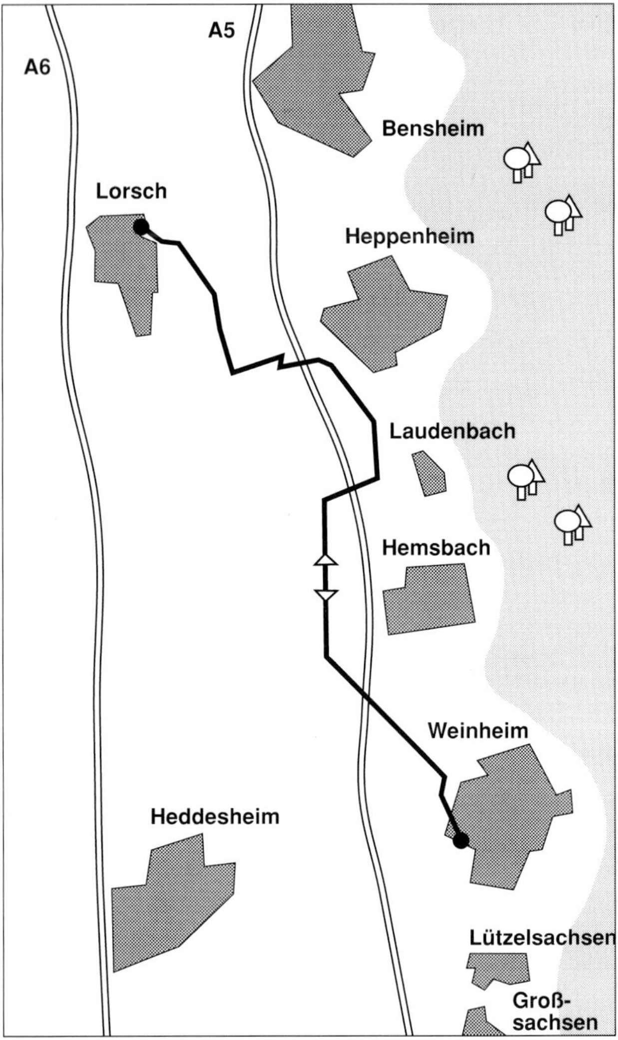
A6
A5
Bensheim
Lorsch
Heppenheim
Laudenbach
Hemsbach
Weinheim
Heddesheim
Lützelsachsen
Groß-
sachsen

21 Heppenheim – Lorsch

Ausgangspunkt: Handschuhsheim
Gesamtlänge: ab Weinheim 14 km nach Heppenheim und 18 km nach Lorsch (jeweils einfache Entfernung), 2 Stunden. Ab Heidelberg je nach Tour 70–80 km (hin und zurück)
Schwierigkeitsgrad: Eine Ausgedehnte Tour in der Ebene, stellt einige Anforderungen an die Kondition. Rückweg ab Heppenheim mit der Bahn möglich.
Karte: Radwanderkarte West, Topographische Karte

Mit Tour 20a oder 20b nach Weinheim. Mit 20b kommend halten wir uns an der Einmündung der *Pappelallee* in die *Mannheimer Straße* auf den Autobahnzubringer zu und überqueren diesen mit der Ampel. Jenseits stoßen wir auf einen Radweg, dem wir nach links folgen. Er bringt uns zur nächsten Brücke über die Autobahn und zur Siedlung *Bertleinsbrücke.*

Diese Siedlung erreichen wir von der Innenstadt her kommend (Tour 20a), wenn wir uns unmittelbar am Schloß nach links in die *Albert-Ludwig-Grimm-Straße* wenden und diesem Straßenzug folgen (dann *Schulstraße*) bis zur Einmündung in die *Bahnhofstraße.* Dort nach links, mit der gebotenen Vorsicht über die Ampelkreuzung an der Post in Richtung Mannheim, aber wenn die Straße nach links abknickt, geradeaus weiter in die *Wormser Straße.* Mit diesem Straßenzug geradeaus weiter kommen wir jetzt auch zur Siedlung *Bertleinsbrücke.*

Gleich nach der Autobahnbrücke rechts und noch einmal rechts kommen wir am Rand der *Altau-Wie-*

sen zur Alten Weschnitz, deren Hochwasserdamm wir nach links folgen bis zur Weid-Siedlung. Dort führen uns zwei Brücken über Alte und Neue Weschnitz weg, unser Weg zieht dann geradeaus durch die Aussiedlerhöfe, über die Straße Hemsbach-Hüttenfeld weg, macht einen Rechts-Knick und bringt uns hinter der Autobahn an das Industriegebiet von Laudenbach. Hier nehmen wir nach der Brücke den ersten Weg nach links und folgen ihm auf die Baumreihe zu. Sie und eine Brücke markieren hier die badisch-hessische Landesgrenze. Mit diesem Weg kommen wir bis vor das Heppenheimer Industriegebiet.

Nach Heppenheim hinein fahren wir mit der *Mozartstraße* nach rechts und kommen direkt ins Stadtzentrum. Auf dem Weg nach Lorsch überqueren wir die erste Kreuzung noch, folgen aber an der ersten Straße dem grünen Radwegweiser nach links. An einer Kreuzung kreuzt ein anderer Radweg unsere Tour, der Radwegweiser nach Lorsch weist geradeaus. Mit Brücke und Wehr kommen wir über die Weschnitz (3 Stufen) und fahren auf der anderen Seite weiter auf Lorsch zu. An der Einmündung auf die Autostraße folgen wir entweder der Straße nach links, dann dem Wegweiser zur Königshalle nach rechts oder fahren unmittelbar an der Einmündung auf den kleinen Pfad, der dem alten, stillgelegten Zug der Zufahrtsstraße nach Lorsch hinein folgt.

Zum Rückweg schlagen wir wieder die Richtung nach Heppenheim ein, folgen aber dem Weg vor der Weschnitz nach rechts, überqueren am Wehr das Flüßchen und halten uns mit dem Radwegweiser auf Heppenheim zu.

Der weitere Weg führt wieder am Heppenheimer Industriegebiet vorbei in Richtung Laudenbach. Vor Laudenbach kann man entweder nach rechts über die Autobahn, dann bis Weinheim wieder zwischen der Hochspannungsleitung und der Autobahn bleiben, nach dem Übergang über die beiden Weschnitzarme links und dann geradeaus durch bis Weinheim. Oder wir fahren kurz vor Laudenbach in die *Carl-Benz-Straße*, halten uns zwischen Autobahn und Eisenbahnlinie, fahren in Sulzbach über *Berliner Straße, Tilsiter Straße* und *Liebermannstraße*, dann im freien Feld links versetzt weiter über beide Weschnitzarme weg. Danach links und geradeaus durch. Beide Möglichkeiten bringen uns auf den *Brunnweg* bzw. die *Viernheimer Straße*, von der wir beim Parkplatz der Fa. Freudenberg nach rechts auf die B 38 hochmüssen *(Mannheimer Straße)*. Nach links kommen wir zur Ampelkreuzung an der Post, dann die *Bahnhofstraße* hoch und an der Volksbank nach rechts in die *Schulstraße*. Mit ihrem Zug gelangen wir jetzt zum Schloßpark. Von dort aus finden wir leicht über Lützelsachsen, Hohensachsen, Großsachsen, Leutershausen, Schriesheim und Dossenheim zurück zu unserem Ausgangspunkt (siehe Tour 19a).

Einkehrmöglichkeiten: In Lorsch Hotel Emig, Einhäuser Landstraße, Pizzeria bei Toni, Nibelungenstraße, Schmuckerstübl, Kirchstraße und 2 Gasthäuser in der Bahnhofstraße. Ein Cafe direkt am Kloster.

Rückweg per Bahn: siehe Anhang, Seite 150.

764 durch den Grafen Cancor und seine Mutter auf ihrem Hofgut am Ufer der Weschnitz gegründet und an Erzbischof Chrodegang von Metz geschenkt. 765 Übertragung der Gebeine des heiligen Nazarius nach Lorsch und schneller Aufschwung des Klosters. Im folgenden Jahr bereits Neubau an der heutigen Stelle.

Die erste Klosteranlage, später Altenmünster genannt, wurde vor wenigen Jahren ausgegraben und restauriert. Zu ihr kommt man von der *Nibelungenstraße* an der Torhalle vorbei, am Ortsende links (*Radweg Bensheim* angeschrieben), am Damm der Weschnitz dann rechts bis zu der kleinen Anlage (Orientierungstafel).

Die zweite Klosteranlage liegt auf der Höhe der Düne (s. Stichwort Dünen, S. 15). Von ihr ist noch die Vorkirche erhalten, vor allem aber die Torhalle, die auf Karl d. Gr. zurückgeht und wohl 774, bei seinem Besuch im Kloster zur Weihe der Klosterkirche, vollendet war. Die Torhalle vereinigt in sich die Architektur der römischen Triumphbogen (Untergeschoß) und der griechischen Tempel (Obergeschoß) und zeigt damit das Herrscherprogramm des Karolingerkönigs.

Im Obergeschoß ursprünglich wohl Thronhalle, dann Michaelskapelle, beides durch Reste der Wandmalerei (Architektur und Engel) belegt.

Hinter der Vorkirche sind die Gebäude durch Hecken markiert; unter ihnen v.a. die Gruftkirche der Karolinger (Ludwig d. Deutsche †876, Ludwig d. J. †882 und sein Sohn Hugo †879).

Ein neues Museum neben der Klosteranlage ist ab Oktober 1995 geöffnet.

Notizen

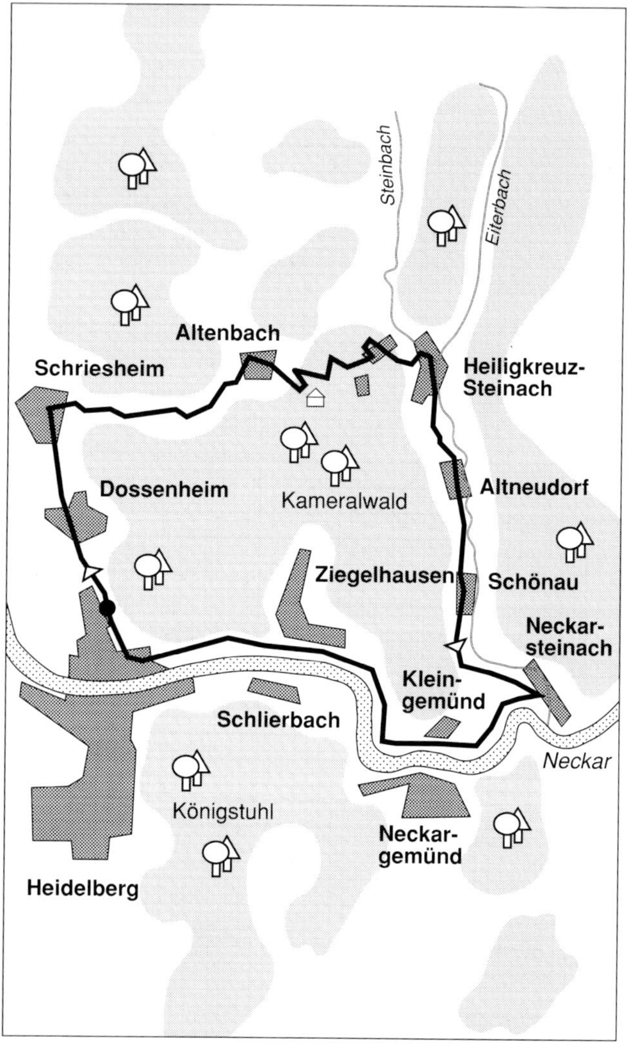
Steinbach
Eiterbach
Altenbach
Schriesheim
Heiligkreuz-
Steinach
Dossenheim
Kameralwald
Altneudorf
Ziegelhausen
Schönau
Neckar-
steinach
Klein-
gemünd
Schlierbach
Neckar
Königstuhl
Neckar-
gemünd
Heidelberg

22 Schönau

Ausgangspunkt: Handschuhsheim, Tiefburg
Gesamtlänge: 45 km, 5–6 Stunden
Schwierigkeitsgrad: Sehr anspruchsvolle Bergtour, durchweg auf öffentlichen Straßen. Langanhaltende Steigung zwischen Schriesheim und Vorderheubach (Abzweigung). Starkes Gefälle auf 3 km vor Heiligkreuzsteinach, unbedingt Bremsen und Seilzüge überprüfen!
Karte: Topographische Karte L 6518 Heidelberg-Nord, Radwanderkarte West und Ost

Für diese Tour in den Odenwald, die uns über den Kamm zum Steinachtal wegführt, fahren wir zunächst auf der Oberen Bergstraße wie mit Tour 18 parallel der B 3 bis Schriesheim. Dazu in Handschuhsheim über *Burgstraße* und *Derweinstraße*, in Dossenheim runter zur *Friedrichstraße* und am Rathaus vorbei über die *Silbershohl* auf den *Alten Gassenweg*, dann den ersten Weg nach rechts auf Schriesheim zu. Hier links parallel der *Heidelberger Straße* zum Parkplatz am Rathaus. Hier folgen wir der *Talstraße* talaufwärts; unser Startpunkt liegt 120 m hoch, der höchste Punkt 460 m. Hinter dem Schwimmbad haben wir bereits 200 m Höhe erreicht, an der Abzweigung nach Ursenbach 243 m, in Altenbach 280 m, wir steigen hinter Altenbach auf 1,5 km weitere 100 m an (entsprechend 6,5% Steigung).

Jetzt wenden wir uns auf einem etwas flacheren Stück auf Lampenhain und Vorderheubach zu, folgen an der nächsten Abzweigung der Richtung nach Vorderheubach und Heiligkreuzsteinach und haben an der Abzweigung mit 460 m den höchsten Punkt unserer Tour erreicht. Der Wald bietet hier genügend Platz für ein gemütliches Picknick, denn so ganz verbissen wollen wir unsere Höhenmeter ja nicht fressen, und der hinter uns liegende Anstieg muß gefeiert werden.

Die jetzt vor uns liegende Abfahrt von 12 km Länge bis ins Neckartal haben wir uns reichlich verdient. Das erste Stück, auf etwa 3 km Länge bis Heiligkreuzsteinach, geht steil bergab, hier sollte man nicht zu schnell werden und vor Fahrtantritt unbedingt die Seilzüge und die Bremsen überprüft haben!

Im Steinachtal selbst haben wir genügend Gelegenheiten, uns an den Schönheiten des Tals zu erfreuen. In Schönau können wir unsere Fahrt für einen Besuch der Überreste des ehemaligen Zisterzienserklosters unterbrechen. Übrig ist allein das Refektorium, der Speisesaal der Mönche, aus dem frühen 13. Jahrhundert. Er reicht aber schon aus, um einen Eindruck von der früheren Größe der Anlage zu vermitteln. Vielleicht spüren wir auch die romanischen Nebengebäude des Klosters, die »Hühnerfautei« (Museum), das Wallonenhaus und das Klostertor auf.

Haben wir hier für unser geistiges Wohl gesorgt, wird es Zeit, an das leibliche Wohl zu denken. Zwischen Schönau und Neckarsteinach liegt rechts am Hang beim Ortsteil Lindenbach eine schöne Grillstelle, die man als kleine Gruppe immer ohne Voranmeldung benützen kann. Zum Einkauf in einem der Orte vorher bitte die Mittagspause beachten! Daß man die Grillstelle hinterher wieder sauber verläßt, ist selbstverständlich.

In Neckarsteinach erreichen wir die *B 37*, von der wir am Café Vier-Burgen-Blick nach links auf den parallel führenden Radweg abbiegen. In Neckargemünd (Stadtteil Kleingemünd) bleiben wir auf dieser Neckarseite und kommen über Ziegelhausen (rechts ab, durch den Ort) zurück nach Heidelberg und über die *Brücken-* und *Bergstraße* nach Handschuhsheim zurück.

Einkehrmöglichkeit: In Schönau Pfälzer Hof, Ringmauerweg 1 (Mo. und Di. geschlossen), einige Gaststätten in Neckarsteinach.

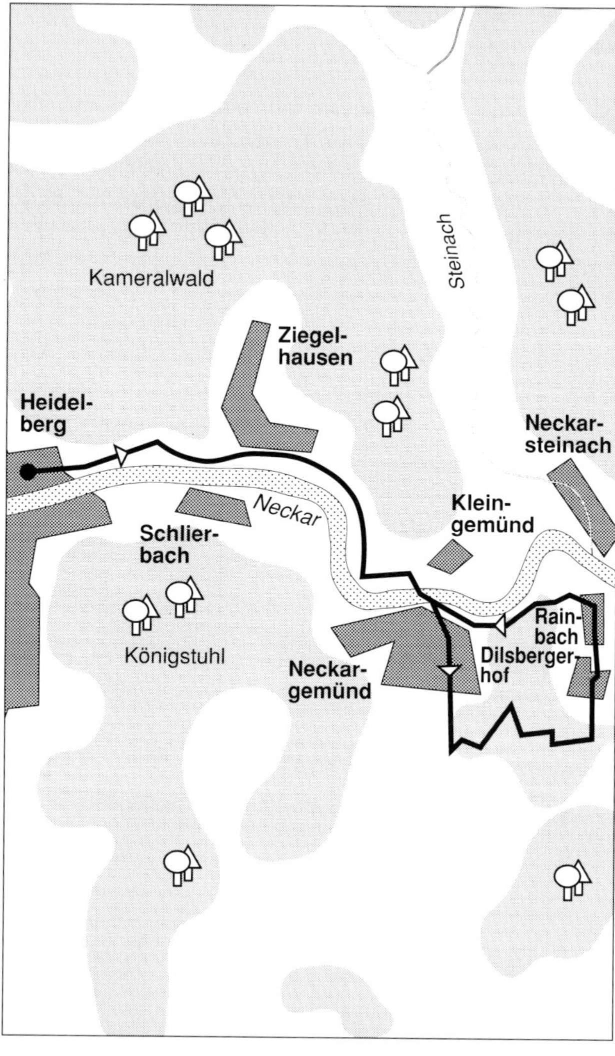
Kameralwald
Steinach
Ziegel-
hausen
Heidel-
berg
Neckar-
steinach
Neckar
Klein-
gemünd
Schlier-
bach
Rain-
bach
Königstuhl
Dilsberger-
hof
Neckar-
gemünd

23 Wiesenbach – Nonnenbrunnen

Ausgangspunkt: Neuenheimer Neckarufer
Gesamtlänge: 32 km, 4 Stunden
Schwierigkeitsgrad: Lange, aber mäßige Steigung zum Todtenkopf hinauf (1,5 km), keine weiteren Schwierigkeiten. Öffentliche Straßen bis und ab Neckargemünd.
Karte: Topographische Karte L 6718 Heidelberg-Süd, Radwanderkarte Ost

Wir bleiben auf dieser (rechten) Neckarseite und fahren über Ziegelhausen (ab der Alten Brücke Radweg, an der Stiftsmühle nach links und parallel durch Ziegelhausen weiter) nach Neckargemünd. Hier biegen wir über die Brücke zur Stadt hin ab und ordnen uns vor der nächsten Ampel auf dem linken Fahrstreifen ein (Richtung Dilsberg und Stadtmitte). Jetzt müssen wir innerhalb der Stadt einen kurzen, aber kräftigen Anstieg bewältigen, dann haben wir das barocke Karlstor erreicht und folgen der *Wiesenbacher Straße* aus der Stadt hinaus. Ca. 500 m vor Wiesenbach lenken wir unsere Räder nach links auf einen befestigten Weg zum Wald hoch, wo uns ein Waldweg in langer, aber sanfter Steigung auf die Höhe des Todtenkopfes führt.

Wenn wir nach etwa anderthalb Kilometern das Schutzhüttchen erreicht haben, sind wir um 100 m angestiegen. Von der Hütte aus können wir mit einem kleinen Pfad zum Nonnenbrunnen hin abkürzen, er ist, wie auch der Römerbrunnen davor, nach altem Befund rekonstruiert und spendete schon vor

Jahrhunderten den durstigen Kehlen sein frisches Wasser. Von hier aus geht ein Fußweg mit einem Brückchen über den Graben zur nahegelegenen Römervilla (rekonstruiert, mit schönem Keller).

Zur Weiterfahrt folgen wir dem Waldweg vom Nonnenbrunnen aus, halten uns zuerst links, später geradeaus und befinden uns auf der *Römerstraße* nach Langenzell, die die Fahrstraße zum Dilsberg beim Parkplatz auf der Höhe erreicht. Hier schwenken wir links ein, fahren ab dem Dilsberger Hof auf dem parellel führenden Wirtschaftsweg rechter Hand weiter auf Dilsberg zu. Der Rückweg führt uns über Rainbach (starkes Gefälle!) und Neckargemünd wieder nach Ziegelhausen und Heidelberg.

Einkehrmöglichkeit: Waibels Gasthof Neckartal, Rainbach, direkt am Neckar (Mo. und Di. geschlossen).

Notizen

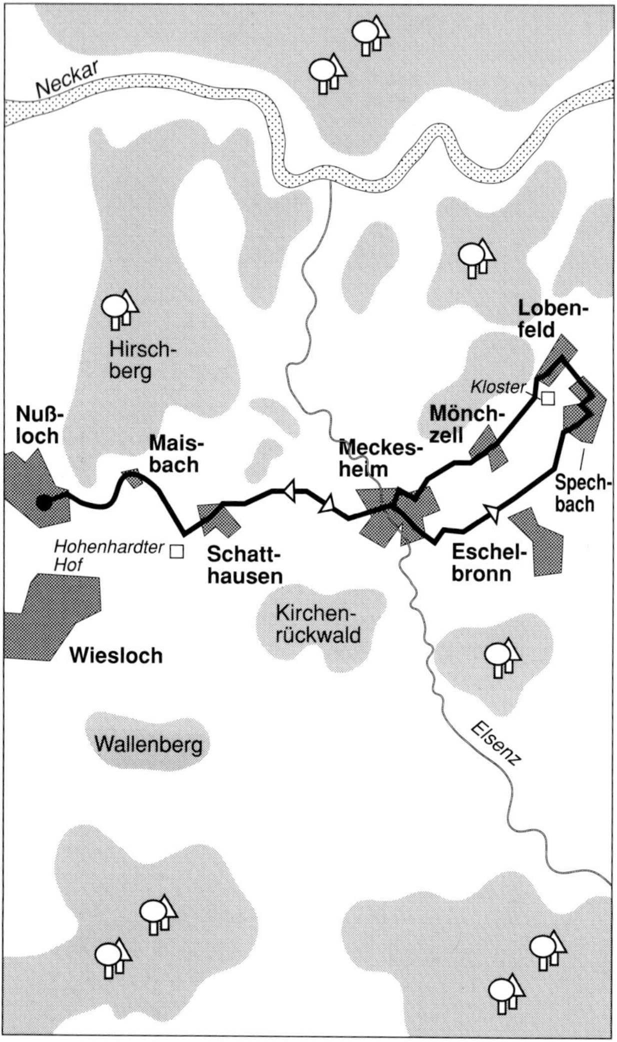
Neckar
Hirsch-
berg
Nuß-
loch
Mais-
bach
Meckes-
heim
Mönch-
zell
Kloster
Loben-
feld
Spech-
bach
Hohenhardter
Hof
Schatt-
hausen
Eschel-
bronn
Kirchen-
rückwald
Wiesloch
Wallenberg
Elsenz

24 Lobenfeld

Ausgangspunkt: Nußloch, Sinsheimer Straße
Gesamtlänge: 36 km, 4 Stunden
Anschluß von Heidelberg über Rohrbach mit Tour 1 (56 km)
Schwierigkeitsgrad: Nicht ganz leichte Tour mit einigen Steigungen, größtenteils öffentliche Straßen
Karte: Radwanderkarte Ost, Topographische Karte L 6718 Heidelberg-Süd

Die *Sinsheimer Straße* in Nußloch bringt uns gleich mit einer mäßigen Steigung über den Sattel des Hirschberges hinüber nach Maisbach (nur anfangs steil, dann flacher). Nach einer kurzen, aber steilen Abfahrt (11%) biegen wir rechts ein (Richtung Wiesloch/Baiertal) und folgen dem Lauf des Maisbaches durch das kleine Tal bis zur Einmündung auf die Straße von Baiertal nach Schatthausen. Für wenige Meter wenden wir uns nach rechts und kommen über die Abzweigung zum Hohenhardter Hof (links) zum Radweg nach Schatthausen im Talgrund des Gauangelbaches. Mit der *Kirchstraße* erreichen wir die Durchgangsstraße wieder (bei den Kirchen nach links) und fahren am Schatthäuser Schloß vorbei in Richtung Mauer.

Die Straße steigt jetzt wieder stärker an; nachdem wir den rechter Hand liegenden Waldrand verlassen haben, macht die Straße oben auf der Kuppe eine starke Linkskurve (Verkehrsschild). Hier sehen wir bereits Meckesheim, unser nächstes Ziel, unten im Tal liegen. Wir schwenken in den rechts abgehenden Weg ein und folgen dem Weg in den Ort hinunter.

Dort geleitet uns die *Schatthäuser Straße* über die Bahnlinie und zur Ortsmitte, wo wir uns nach den Wegweisern in Richtung Eschelbronn richten. Die Umgehungsstraße, die wir hinter Meckesheim rechts über den Bahndamm weg sehen, befreit unsere Straße vom Verkehr. Vor Eschelbronn biegen wir links nach Spechbach ein, durchfahren diesen Ort mit der Vorfahrtsstraße und müssen erst hinter Spechbach wieder kräftig in die Pedale treten, um die kurze, aber starke Steigung zu bezwingen. Lobenfeld erreichen wir hinter dem so erstiegenen Bergrücken, und wir biegen gleich wieder nach links in Richtung Mönchzell ab. Nun sehen wir schon unser Ziel, die alte Klosterkirche, über die Dächer ragen; ein Wegweiser führt uns nach links von der Straße herunter und durch einen Torbogen.

Der monumentale Charakter dieser »Rumpfkirche« steht überhaupt nicht im Einklang mit der Abgeschiedenheit des Ortes. Wir umrunden die Kirche zu Fuß, wenn uns die Fresken aus dem 15. Jahrhundert im Chor der alten Klosterkirche interessieren, besorgen wir uns beim Küster (die Adresse steht an der Kirche angeschrieben) den Schlüssel.

Für den Rückweg folgen wir dem Radweg parallel der Fahrstraße über Mönchzell nach Meckesheim und durchfahren den Ort in Richtung Sinsheim. In Meckesheim fahren wir nach der Unterführung der B 45 über die Bahnlinie weg in die *Schatthäuser Straße*, mit der wir wieder hügelan steigen bis zur Straße nach Schatthausen (rechts ab). Hier lenken wir wieder über die *Kirchstraße* zum Radweg nach Baiertal (am Sportplatz vorbei), den wir aber unterhalb des Hohenhardter Hofes wieder verlassen, um uns nach rechts zur Straße hin und ins Maisbachtal zu wenden. In Maisbach müssen wir die 11%ige Steigung, die wir beim Herunterfahren so genossen haben, jetzt hinauftreten, dann aber senkt sich die Straße wieder hinunter nach Nußloch und zu unserem Ausgangspunkt.

Einkehrmöglichkeit: Kloster, Lobenfeld

Kloster Lobenfeld

Mitte des 12. Jh. als Propstei der Frankenthaler Augustinerchorherren begründet, vor 1259 in ein Frauenkloster umgewandelt. Vor 1323 Übernahme der Zisterzienserregel.

In der ersten Hälfte des 13. Jh. Beginn des Kirchenbaus mit Chor und Querhaus, Langhaus im späten 15. Jh. zugefügt.

Im Innern schöne Wandmalereien: im ehemaligen Chor in der Form von Bildteppichen mit Heiligenfiguren (13. Jh.), im rechten Querarm die Legende vom Martyrium der zehntausend Perser (15./16. Jh.).

Diese zehntausend Perser waren Nestorianer (Thomaschristen), die im 5. Jh. aus dem oströmischen Reich nach Persien flohen, dort zunächst aufgenommen, aber nach einiger Zeit verfolgt wurden. Die Christen sollen zu Tausenden in ein Dornengestrüpp getrieben worden sein, wo sie verbluteten. Dargestellt sind das Dornengestrüpp, die Auffahrt der Seelen gen Himmel (von Engeln in einem Tuch nach oben getragen) und Christus als Weltenrichter mit dem Schwert der Weisheit, das aus seinem

Munde fährt (eine ähnliche Darstellung findet sich in der Krypta der Ladenburger Galluskirche). Die Thomaskirche war besonders stark in Indien und Zentralasien (bis China) vertreten, erlag aber 1383 den Mongolen.

Notizen

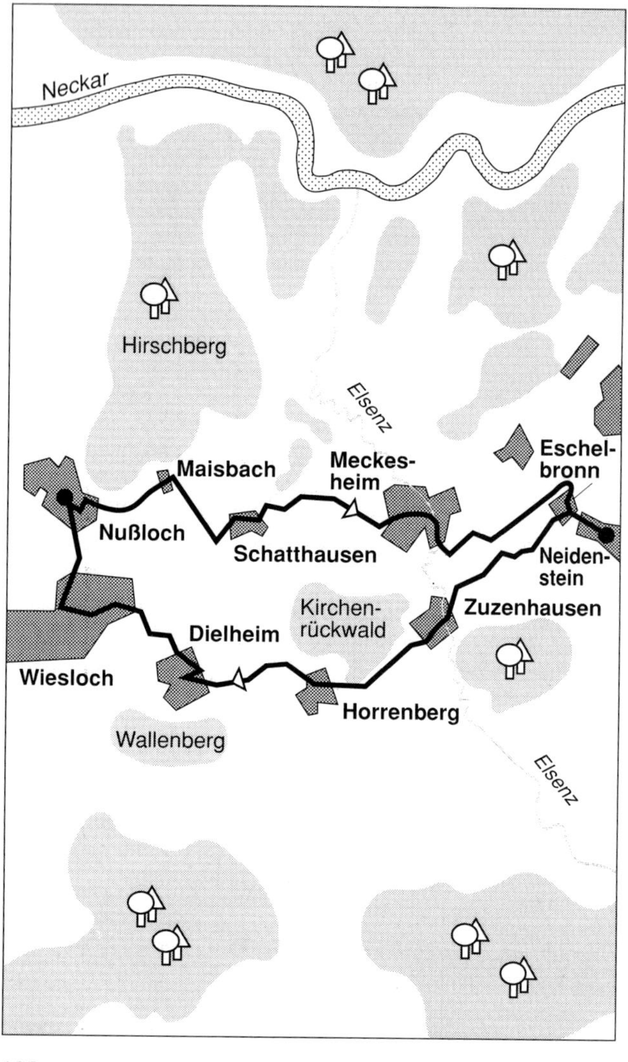
Neckar
Hirschberg
Elsenz
Eschel-
bronn
Maisbach
Meckes-
heim
Nußloch
Schatthausen
Neiden-
stein
Kirchen-
rückwald
Zuzenhausen
Dielheim
Wiesloch
Horrenberg
Wallenberg
Elsenz

25 Neidenstein

Ausgangspunkt: Nußloch, Sinsheimer Straße
Gesamtlänge: 38 km, 4–5 Stunden
Anschluß von Rohrbach mit Tour 1 (58 km)
Schwierigkeitsgrad: Nicht ganz leichte Tour mit einigen Steigungen. Größtenteils öffentliche, aber wenig befahrene Straßen.
Karte: Radwanderkarte Ost, Topographische Karte L 6718 Heidelberg-Süd

Wir fahren mit der *Sinsheimer Straße* in Nußloch mit einer mäßigen Steigung über den Sattel des Hirschberges hinüber nach Maisbach (nur anfangs steil, dann flacher). Nach einer kurzen, aber steilen Abfahrt (11%) folgen wir nach rechts (Richtung Wiesloch/Baiertal) dem Lauf des Maisbaches durch das kleine Tal bis zur Einmündung auf die Straße von Baiertal nach Schatthausen. Für wenige Meter wenden wir uns nach rechts und kommen über die Abzweigung zum Hohenhardter Hof (links) zum Radweg nach Schatthausen im Talgrund des Gauangelbaches. Mit der *Kirchstraße* erreichen wir die Durchgangsstraße wieder (bei den Kirchen nach links) und fahren am Schloß vorbei in Richtung Mauer.

Die Straße steigt jetzt wieder stärker an; nachdem wir den rechter Hand liegenden Waldrand verlassen haben, macht die Straße oben auf der Kuppe eine starke Linkskurve (Verkehrsschild). Hier sehen wir bereits Meckesheim, unser nächstes Ziel, unten im Tal liegen. Wir schwenken in den rechts abgehenden Weg ein und folgen dem Weg in den Ort hinunter.

Dort geleitet uns die *Schatthäuser Straße* über die Bahnlinie und zur Ortsmitte, von wo wir uns nach den Wegweisern in Richtung Eschelbronn und Neidenstein richten. Auch Eschelbronn durchfahren wir in Richtung Neidenstein und sehen dahinter bereits die Neidensteiner Burg am Hang liegen. Im Ort selbst angekommen radeln wir dann von der *Bahnhofstraße* geradeaus zum Ortskern und links in die *Schloßstraße*, mit der wir zum Schloß gelangen.

Der Bereich, den wir zunächst betreten, ist das »Neue Schloß« mit schön renovierten Fachwerkbauten des 16. Jahrhunderts. Dahinter erhebt sich die Burg, ein Bau des 13. Jahrhunderts, bis heute unzerstört geblieben und heute noch vom »alten« Burgherrn bewohnt (wenn auch nur als Zweitwohnsitz). Die Burg selbst ist nicht zu besichtigen. Wir können aber vor der Burg nach rechts zum eigentlichen Burgtor und direkt an der Mauer entlang zum Graben, der die Anlage vom Bergrücken trennt. Von hier, vielleicht noch von etwas höher am Hang, haben wir einen eindrucksvollen Blick auf die starke Schildmauer und den in sie eingebundenen Turm.

Zum Rückweg folgen wir wieder der Straße nach Eschelbronn, halten uns aber hier an der Kreuzung mit der *Bahnhofstraße* zur Kirche hin und folgen rechts der Kirche der *Oberstraße*. Mit einem verkehrsfreien Feldweg kommen wir so über den Höhenrücken nach Zuzenhausen hinunter. Im Ort schwenken wir nach der Kirche nach rechts ein über die Brücke der Elsenz weg, kreuzen die B 45 bei der Volksbank und setzen unseren Weg jenseits der *Horrenberger Straße* fort. Sie steigt mäßig, aber stetig bergan, bis wir an der Einmündung nach links wieder bergab auf Horrenberg zufahren. Hier halten wir uns zunächst rechts auf Wiesloch zu, fahren aber dann links versetzt am Bächlein entlang auf einem parallel der Straße führenden Feldweg nach Dielheim, wo wir mit einer Rechtsschwenkung auf die Straße zurückkommen. Von hier gelangen wir auf der Fahrstraße nach Wiesloch und über die alte *B 3* zurück nach Nußloch und zu unserem Ausgangspunkt.

Einkehrmöglichkeit: In Neidenstein in Schloß- oder Bahnhofstraße.

Der besondere Tip: Ausdauernde Radler können noch ab Horrenberg mit Tour 27b nach Eichtersheim und haben so beide Schlösser derer von Venningen in einer Tour vereinigt.

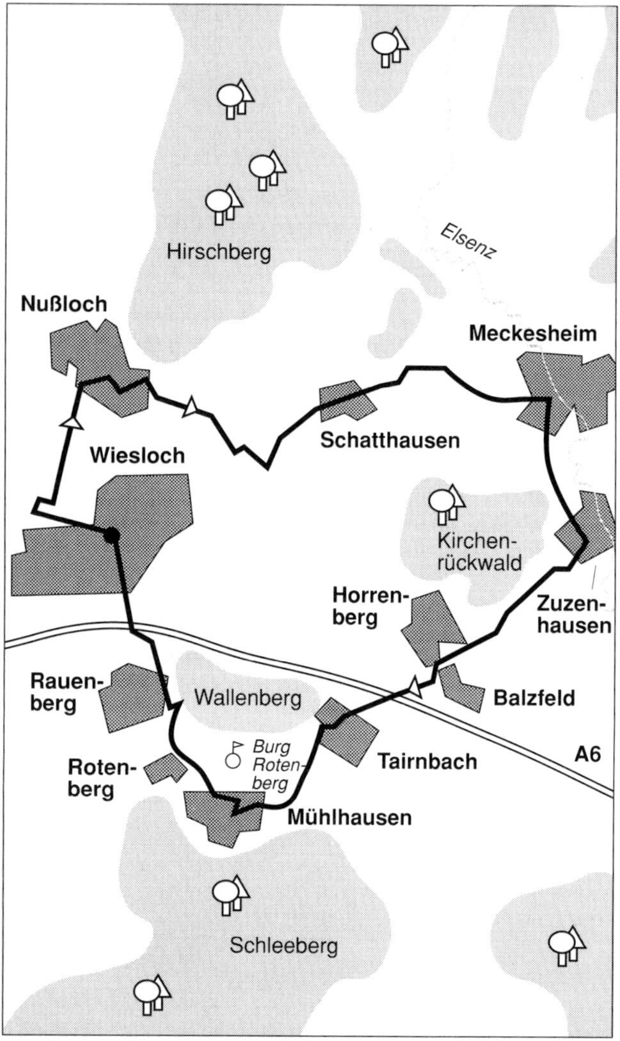
Hirschberg
Elsenz
Nußloch
Meckesheim
Schatthausen
Wiesloch
Kirchen-
rückwald
Horren-
berg
Zuzen-
hausen
Rauen-
berg
Wallenberg
Balzfeld
Burg
Roten-
berg
Tairnbach
A6
Roten-
berg
Mühlhausen
Schleeberg

26 Meckesheim – Mühlhausen

Ausgangspunkt: Wiesloch, Schulzentrum
Gesamtlänge: 33 km, 4 Stunden
Anschluß von Heidelberg über Rohrbach mit Tour 1 (63 km)
Schwierigkeitsgrad: Mäßige Schwierigkeit mit einigen Steigungen, besonders im zweiten Teil der Tour. Meist öffentliche Straßen.
Karte: Radwanderkarte Ost, Topographische Karte L 6718 Heidelberg-Süd

Wir verlassen Wiesloch über *Schloßstraße/Gerbersruhstraße* (zur Eishalle) und kommen vor der Auffahrt auf die neue B 3 nach rechts auf den Wirtschaftsweg nach Nußloch. An der Kreuzung unserer *Römerstraße* mit der *Walldorfer Straße* fahren wir rechts bis zur *Hauptstraße*, dann links versetzt mit der *Sinsheimer Straße* mit einer mäßigen Steigung bergauf. Geradeaus führt der direkte Weg nach Baiertal, der aber in einem erbarmungswürdigen Zustand und nicht zu empfehlen ist. Wir folgen der Straße nach Maisbach hinunter. Nach einer kurzen, aber steilen Abfahrt (11%) halten wir uns nach rechts (Richtung Wiesloch/Baiertal) am Lauf des Maisbaches durch das kleine Tal bis zur Einmündung auf die Straße von Baiertal nach Schatthausen. Für wenige Meter wenden wir uns nach rechts und kommen über die Abzweigung zum Hohenhardter Hof (links) zum Radweg nach Schatthausen im Talgrund des Gauangelbaches. Mit der *Kirchstraße* erreichen wir die Durchgangsstraße wieder (bei den Kirchen nach links) und fahren am Schloß vorbei in Richtung

Mauer. In Schatthausen angekommen fahren wir durch bis zu den beiden Kirchen und kommen über die *Kirchstraße* auf die *Ravensburgstraße*, die nach rechts auf Mauer zu führt.

Die Straße steigt jetzt wieder stärker an; nachdem wir den rechter Hand liegenden Waldrand verlassen haben, macht die Straße oben auf der Kuppe eine starke Linkskurve (Verkehrsschild). Hier sehen wir bereits Meckesheim, unser nächstes Ziel, unten im Tal liegen. Wir schwenken in den rechts abgehenden Weg ein und folgen dem Weg in den Ort hinunter. Hinter der Bahnlinie wenden wir uns rechts in Richtung Wiesloch/Horrenberg, überqueren wieder die Bahnlinie und lenken unsere Räder darauf links in die *Zuzenhäuser Straße*, mit der wir mit nur wenig Autoverkehr nach Zuzenhausen kommen. Unser Weg setzt sich nach rechts hangaufwärts fort, wir müssen dazu an der Bahnunterführung nach rechts einschwenken, dann nach links über den Bach *(Eichendorffstraße)* und auf die Straße nach Horrenberg. Wieder heißt es kräftig in die Pedale treten, um die 75 m Höhenunterschied zu bewältigen (durchschnittlich 3% Steigung auf 2,5 km). An der Einmündung in die Straße nach Horrenberg fahren wir rechts versetzt auf dem Wirtschaftsweg im Tal auf Balzfeld zu.

Wenn wir das Tal des Leimbachs erreicht haben, sehen wir rechts schon die Fortsetzung unseres Weges von der Straße abzweigen, nach dem durch den Weg vorgeschriebenen Umweg werden wir dahin zurückkommen. Was wir auf der einen Seite hinunterrollen konnten, müssen wir jetzt wieder hinauf (70 m auf 2 km, entspricht durchschnittlich 3,5%);

auf den großen Hof zu erreichen wir die Hügelkuppe, können von hier ab der natürlichen Fallinie folgen und kommen vor Mühlhausen ins Angelbachtal.

Vor der Einmündung in die B 39 wenden wir uns nach rechts auf den Wirtschaftsweg, der uns nach Mühlhausen bringt *(Oberer Mühlweg)* und mit dessen Verlängerung (Radwegweiser) wir über Rotenberg nach Rauenberg finden. Zurück nach Wiesloch kommen wir entweder mit der Verlängerung der *Bahnhofstraße* oder der Verlängerung der *Talstraße*. Beide Wege bringen uns ohne Verkehr nach Wiesloch, der eine zum Schwimmbad, der andere zum Winzerkeller. Vom Winzerkeller aus kommen wir über die *Philipp-Bronner-Straße* auf die *Hauptstraße*.

Einkehrmöglichkeit: Zum Adler, Mühlhausen, Hauptstraße; Zum Rössel, Tairnbach, Sternweilerstr. 34.

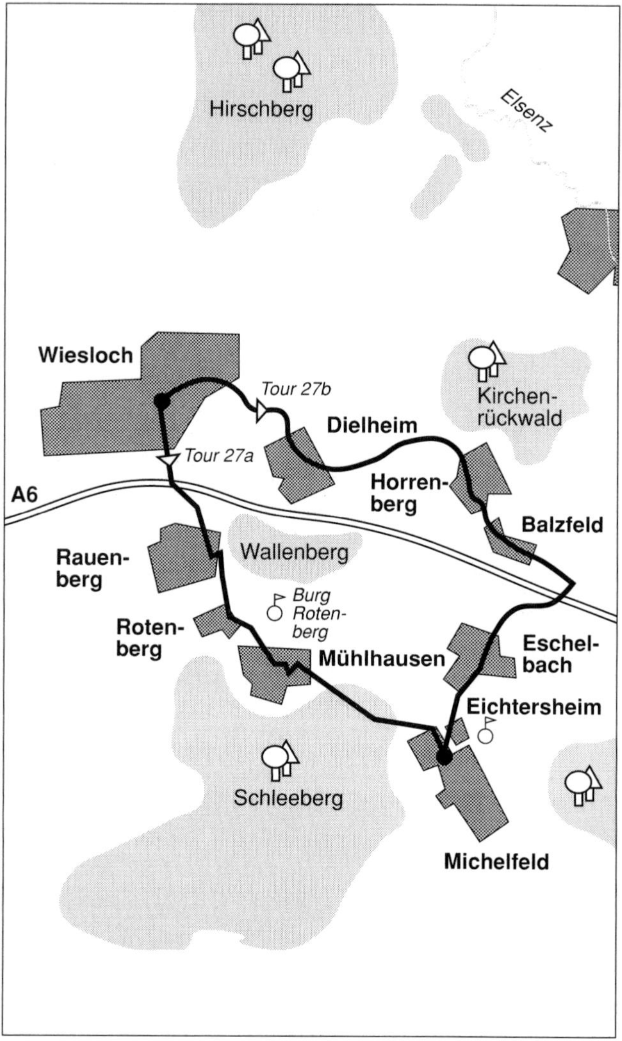
Hirschberg
Elsenz
Wiesloch
Tour 27b
Tour 27a
Dielheim
Kirchen-
rückwald
A6
Horren-
berg
Balzfeld
Rauen-
berg
Wallenberg
Burg
Roten-
berg
Roten-
berg
Mühlhausen
Eschel-
bach
Eichtersheim
Schleeberg
Michelfeld

27a **Eichtersheim** (direkt)

Ausgangspunkt: Wiesloch, Marktplatz
Gesamtlänge: 20 km, 2 Stunden
Anschluß von Heidelberg über Rohrbach mit Tour 1 (50 km)
Schwierigkeitsgrad: Leichte Tour ohne nennenswerte Steigungen, schöne, autofreie Wege im Angelbachtal.
Karte: Radwanderkarte Ost, Topographische Karte L 6718 Heidelberg-Süd

Wir verlassen Wiesloch auf der *Johann-Philipp-Bronner-Straße* auf den Winzerkeller zu. Hier schlagen wir den rechten Weg ein und kommen auf diesem Weg unter der Autobahn durch nach Rauenberg. Dieser Radweg ist die alte Bahnlinie ins Angelbachtal, wir können auf dieser Verbindung durchfahren bis Rotenberg. Hier fahren wir über die Straße *Im Knollen* hoch zur *Weinbergstraße* und kommen am Fuß der Weinberge nach Mühlhausen *(Untere und Obere Mühlstraße)*.

Unser Weg führt noch ein Stück weiter am Bach entlang (Radwegweiser Eichtersheim). Mit dem Wirtschaftsweg jenseits der Straße nach Tairnbach hinauf fahren wir ein kurzes Stück bergauf, rechts neben uns liegt ein Hochwasser-Rückhaltebecken, das wir umfahren, wenn wir nicht unmittelbar den Damm hinunter das Rad tragen wollen. Auf der anderen Seite des Beckens geht der Weg am Waldrand weiter in Richtung Eichtersheim. Auch hier haben wir dann wieder eine *Mühlstraße* unter den Rädern. Wir kommen unmittelbar an der Abzweigung nach Sinsheim heraus und fahren geradeaus weiter ins Ortszentrum von Eichtersheim (Schloß).

Der Rückweg ist mit dem der Alternativtour über Dielheim-Horrenberg identisch.

27b **Eichtersheim**
(über Dielheim – Horrenberg)

Ausgangspunkt: Wiesloch, Marktplatz
Gesamtlänge: 23 km, 3 Stunden
Anschluß von Heidelberg über Rohrbach mit Tour 1 (53 km)
Schwierigkeitsgrad: Leichte Bergtour, nur mäßige Steigung zwischen Balzfeld und Eschelbronn. Verkehrsfreie Wege zwischen Dielheim und Horrenberg und ab Mühlhausen.
Karte: Radwanderkarte Bergstraße-Kraichgau, Topographische Karte L 6718 Heidelberg-Süd

Wir kommen zunächst über die *Baiertaler Straße* nach Altwiesloch und mit der *Dielheimer Straße* nach Dielheim. Dort halten wir uns an der Abzweigung rechts in Richtung Rauenberg, dann nach links zum Industriegebiet hin und verlassen Dielheim mit dem hinter dem Ort links abgehenden Wirtschaftsweg. Wir bleiben jetzt in der Talniederung des Leimbachs und erreichen so parellel der Autostraße ohne Verkehr Horrenberg, wo wir an der Kirche *(Kirchstraße)* nach links wieder auf die Straße kommen.

Über Balzfeld folgen wir der ausgeschilderten Richtung nach Hoffenheim und benützen hinter Balzfeld den Wirtschaftsweg auf der linken (!) Seite der Straße *(Sinsheimer Straße)*. An der Einmündung biegen wir nach rechts ab und fahren nach der Autobahn (über die Grasnarbe weg) auf dem Wirtschaftsweg linker Hand weiter. Wir brauchen ganz schön Puste, um dieses steile Stück zu bezwingen, aber von der Kuppe ab (wir haben sie immer im Blick) geht die Straße über Eschelbach nach Eichtersheim nur noch bergab.

In Eichtersheim biegen wir mit der B 292 nach links ab und folgen dem hier schon angebrachten Wegweiser zum Schloß, das wir nach der Kirche links im Park liegen sehen. Wir umfahren zunächst das Schloß in Richtung auf den Rathaus-Parkplatz zu und betreten den Schloßpark mit seinen wundervollen alten Bäumen von hinten. Von hier aus haben wir einen sehr schönen Blick auf die Anlage, deren Wassergraben noch erhalten ist und Schwänen zum Aufenthalt dient. Das Schloß selbst ist ein schmuckloser Bau des 16. Jahrhunderts, stammt in seiner heutigen Form von 1767, wurde 1972 von den Venningen an die Gemeinde verkauft und 1978 renoviert.

Zum Rückweg nach Wiesloch biegen wir unmittelbar an der Abzweigung nach Sinsheim (B 292) in die *Mühlstraße* ein und folgen dem Wirtschaftsweg bis Mühlhausen. Am Hochwasserbecken können wir dabei entweder gleich nach links und das Rad den Damm hochtragen oder weiter in Richtung auf die weiß-roten Pfähle und an der Straße weiter bergab. Von Mühlhausen aus können wir entweder auf der alten B 39 zügig und ohne viel Verkehr oder gemütlich parallel zum Bach am Fuß des Hanges bis Rauenberg. Dazu schwenken wir vor der Einmündung in die B 39 nach rechts ein (wieder am Bach entlang, Radwegweiser) und folgen dem Zug der *Oberen* und *Unteren Mühlstraße*, der (manchmal) ausgeschilderte Radweg führt uns über Rotenberg nach Rauenberg. Hier finden wir uns auf der *Bahnhofstraße* wieder, aber der Bahnhof ist ein Restaurant geworden, die

Bahnlinie selbst unser Radweg. Am Wieslocher Winzerkeller vorbei erreichen wir über die *Philipp-Bronner-Straße* dann die *Hauptstraße*.

Einkehrmöglichkeit: In Eichtersheim Schloßrestaurant im Schloß (Restaurant 12.00–14.00 Uhr, außer Montag und Dienstag, Café Sonntag nachmittag), Gasthaus Hirsch (mit Metzgerei) oder Ritter-Post, beide Hauptstraße.

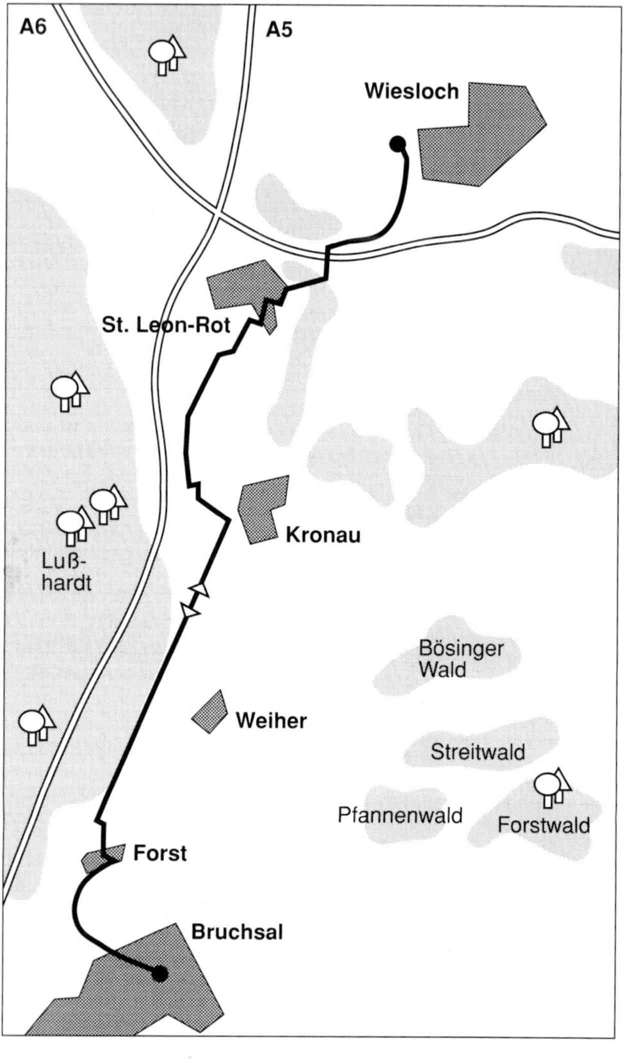

A6
A5
Wiesloch
St. Leon-Rot
Kronau
Luß-
hardt
Bösinger
Wald
Weiher
Streitwald
Pfannenwald
Forstwald
Forst
Bruchsal

28 Bruchsal

Ausgangspunkt: Wiesloch, Gerbersruhstraße
Gesamtlänge: 50 km, 5 Stunden
Anschluß von Heidelberg über Rohrbach mit Tour 1 (80 km)
Schwierigkeitsgrad: Ausgedehnte Tour ohne besondere Schwierigkeiten, öffentliche Straßen nur zwischen Wiesloch-Frauenweiler und Rot, sonst verkehrsfreie Feld- und Waldwege.
Karte: Topographische Karte L 6916 Karlsruhe-Nord, Radwanderkarte West

Von unserem Ausgangspunkt radeln wir in Richtung Westen los und kommen auf die *Alte Heerstraße* und ihre Verlängerung, das *Neue Sträßel*. Sie führt über die neue B 39 weg zur Siedlung Frauenweiler, hinter der wir (über *Dorfplatz* und *Fasanenweg*) die Straße nach Rot erreichen. Auf dieser Straße fahren wir bis Rot und wenden uns im Ort beim Haus Nr. 49 der *Hauptstraße* nach links in den *Erlengrund*, darauf wieder rechts in die *Sepp-Herberger-Straße*. In ihrer Verlängerung kommen wir auf einem guten Wirtschaftsweg aus dem Ort und bleiben am Waldrand in unserer Geradeaus-Richtung (Schranke). Ab dem Betonsteinwerk benützen wir den Fahrweg bis zur Einmündung in die Autostraße. Mit der gebotenen Vorsicht überqueren wir sie und fahren auf dem jenseits verlaufenden Wirtschaftsweg auf Kronau zu. An der Straßenkreuzung vor Kronau bleiben wir auf dem Wirtschaftsweg und halten uns mit ihm zum Wald (Schützenhaus) hin, bleiben aber dann in der geraden Richtung.

Jetzt befinden wir uns auf der *Kronauer Allee*, die uns (der Radweg ist beschildert) bis Forst bringt. Lichter Hochwald begleitet uns rechter Hand, linker Hand wechseln Wald und Wiesen, wir bleiben bis Forst ohne jeden Autoverkehr. In Forst behalten wir diese Richtung bei, halten uns zum Ort hin und biegen beim Gasthof Rose nach rechts in Richtung Karlsdorf ab. An der Einmündung in die Straße nach Bruchsal lenken wir unsere Räder nach links durch die Absperrung und sehen vor uns bereits das Mittelgebäude des Schlosses durch die Bäume schimmern. Wir können uns von hier aus geradewegs darauf zu halten, unterqueren die Bahnlinie und betreten den Schloßpark.

Bruchsal ist nicht nur ein schönes und prächtiges Beispiel für die Architektur des Barock, sondern und besonders auch für die Wiederaufbauleistung nach den Zerstörungen des letzten Krieges. Ein Besuch des Innern lohnt sich auf jeden Fall. Von der Gartenterrasse aus, oder auch von der Rückfront aus, werfen wir einen Blick auf die Allee, aus der wir hergekommen sind: absoluter fürstlicher Wille hat im 18. Jahrhundert das Waldgebiet ringsum einer vernunftgemäßen Planung unterworfen und ein rigoros rechtwinkliges Wegenetz angelegt. Dieses Wegenetz haben wir schon bei Tour 7 in den Lußhardt-Wald kennengelernt, es verläuft auch dort absolut parallel oder rechtwinklig zur Mittelachse des Bruchsaler Schlosses. Welcher Ernst ist doch heute aus dieser spielerischen Unterwerfung der Natur unter die »Vernunft« geworden!

Wir verlassen Bruchsal wieder auf demselben Weg, auf dem wir hergekommen sind, biegen bei der

Schranke wieder nach rechts auf Forst zu ein, halten uns am Gasthof Rose nach links und lenken unsere Räder darauf nach rechts in die *Kronauer Alle*. In ihr erkennen wir jetzt eine solche rechtwinklig zur Schloßachse angelegte Waldschneise, der wir über 8 km bis zur Straßenkreuzung vor Kronau folgen können. Den Weg zum Betonwerk und seine Verlängerung nach St. Leon-Rot erreichen wir, indem wir mit dem Wirtschaftsweg an eben dieser Kreuzung nach links fahren und vor der Autobahn die Straße überqueren. In Rot halten wir uns links, dann wieder rechts und folgen den Wegweisern in Richtung Wiesloch. Nach Überquerung der B 3 können wir wieder rechts nach Frauenweiler einschwenken und erreichen Wiesloch und unseren Ausgangspunkt über die *Alte Heerstraße*.

Einkehrmöglichkeit: In Bruchsal Zum Bären (links vom Schloß) und Zum Erbprinzen (rechts).

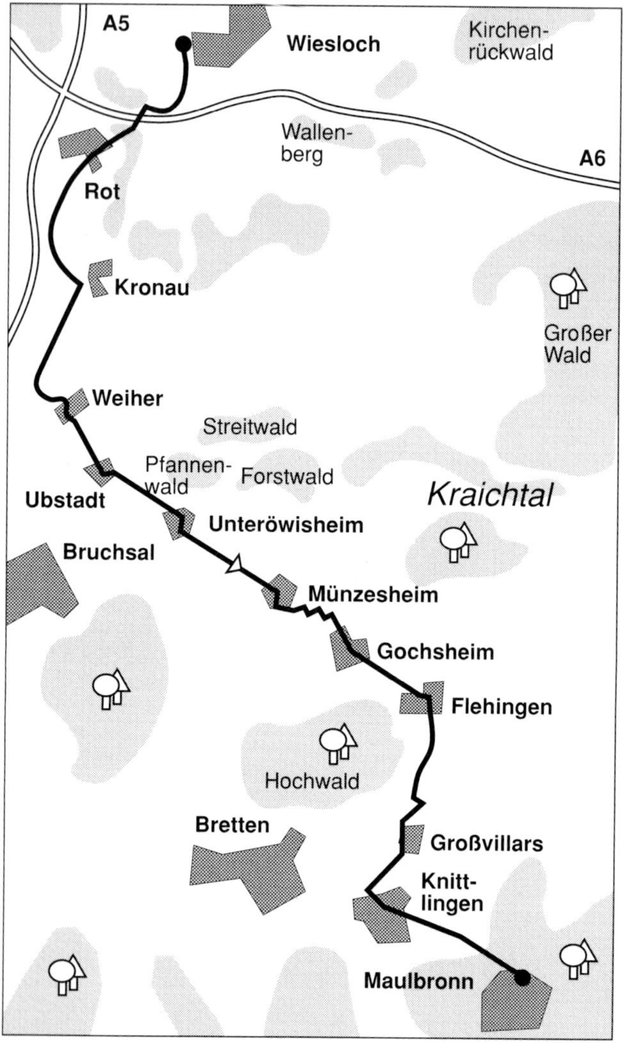
A5
Wiesloch
Kirchen-
rückwald
Wallen-
berg
A6
Rot
Kronau
Großer
Wald
Weiher
Streitwald
Pfannen-
wald
Forstwald
Ubstadt
Kraichtal
Unteröwisheim
Bruchsal
Münzesheim
Gochsheim
Flehingen
Hochwald
Bretten
Großvillars
Knitt-
lingen
Maulbronn

29 Maulbronn

Ausgangspunkt: Wiesloch, Gerbersruhstraße
Gesamtlänge: 60 km, 6 Stunden (einfache Strecke)
Anschluß von Heidelberg über Rohrbach mit Tour 1 (90 km)
Schwierigkeitsgrad: Mittlere Schwierigkeit, hohe Anforderungen an Kondition. Steigungen erst ab Flehingen. Öffentliche Straßen ab Weiher. Rückweg per Bahn (ab Bretten samstags gar nicht, siehe unten) oder am nächsten Tag.
Karte: Topographische Karte L 6918 Bretten, Radwanderkarte Süd

Wir verlassen Wiesloch über die *Alte Heerstraße* und ihre Verlängerung, das *Neue Sträßel*. Sie führt über die neue B 39 weg zur Siedlung Frauenweiler, hinter der wir (über *Dorfplatz* und *Fasanenweg*) die Straße nach Rot erreichen. Auf dieser Straße fahren wir bis Rot und wenden uns im Ort beim Haus Nr. 49 der *Hauptstraße* nach links in den *Erlengrund*, darauf wieder rechts in die *Sepp-Herberger-Straße*. In ihrer Verlängerung kommen wir auf einem guten Wirtschaftsweg aus dem Ort und bleiben am Waldrand in unserer Geradeaus-Richtung (Schranke). Ab dem Betonsteinwerk benützen wir den Fahrweg bis zur Einmündung in die Autostraße. Mit der gebotenen Vorsicht überqueren wir sie und fahren auf dem jenseits verlaufenden Wirtschaftsweg auf Kronau zu. An der Straßenkreuzung vor Kronau bleiben wir auf dem Wirtschaftsweg und halten uns mit ihm zum Wald (Schützenhaus) hin, bleiben aber dann in der geraden Richtung.

Die *Kronauer Allee* ist als Radweg ausgeschildert, wir radeln durch den lichten Hochwald, bis am Beginn des zweiten Stückes freien Feldes (links) nach links ein Weg auf Weiher zugeht. Ihm folgen wir, halten uns erst zum Ortszentrum und biegen dann nach links zum Ortsteil Ubstadt und nach Bruchsal hin ab. Die Straße überquert die Bahnlinie mit einer Brücke, wir fahren links auf der alten Straße weiter und queren die Bahnlinie mit der Unterführung. Im Ortskern müssen wir zunächst in Richtung Bruchsal weiter, bis hinter dem Ort nach links die Straße nach Oberderdingen abzweigt. Wir können ab hier dem Lauf der Kraich folgen über Unteröwisheim, Münzesheim, Gochsheim und Flehingen, wobei die Richtung nicht immer einheitlich angegeben ist. Von Flehingen aus fahren wir noch ein Stück auf Oberderdingen zu, lenken aber nach der Bahnlinie (Unterführung) unsere Räder nach rechts hinauf auf den Weg am Bach entlang.

An der ersten Gabelung überqueren wir zunächst den Bach nach rechts, bleiben aber dann auf dem Weg und steigen hoch in den Wald hinein. Es ist dies der erste Anstieg auf unserer Tour, er bringt uns auf 2,5 km 85 m höher (durchschnittlich 3%, maximal 8% auf 100 m). Jenseits der Hügelkuppe senkt sich unser Weg (an der Hochspannungsleitung entlang nach rechts) nach Großvillars hinunter, das wir in Richtung Knittlingen durchqueren. Mit dem Wirtschaftsweg an der Straße steigen wir noch einmal hoch, aber nicht mehr so stark wie vorhin, dann schwenken wir mit dem Weg nach links ein auf das unten im Tal liegende Knittlingen zu.

Unten im Dorf folgen wir der Richtung der Durchgangsstraße, fahren aber beim Wegweiser nach Stuttgart geradeaus zum Wanderparkplatz weiter und mit dem Weg bergauf. Am Waldrand wird der Weg auf ein kleines Stück sehr steil, dann haben wir den Bergrücken erklommen und radeln recht eben, dann bergab auf Maulbronn zu. Unten im Tal können wir mit einem kleinen Weg linker Hand direkt zum Kloster kommen.

In Maulbronn angekommen sollten wir uns unbedingt die Zeit für einen ausgiebigen Besuch dieser Perle der deutschen Zisterzienser-Architektur nehmen.

Für den Rückweg per Bundesbahn schlagen wir die Richtung zum Bahnhof Maulbronn-West oder nach Bretten ein. Die Richtung nach Bretten ist angeschrieben, wir müssen zwischen Maulbronn und der Abzweigung nach Knittlingen die B 35 nehmen und können dann die Ortsdurchfahrt von Knittlingen und später den Wirtschaftsweg im Wald links der Bundesstraße benützen. Brettens Bahnhof liegt jenseits der Stadt in der Niederung des Tals.

Einkehrmöglichkeit: In Maulbronn Klosterkeller oder Klosterpost (vor dem Tor), ein Café an der Hauptstraße unmittelbar am Klostertor.

Bahnverbindung: siehe Anhang.

Übernachtungsmöglichkeit: Gasthof Birkenhof, Bahnhofstraße 1

1138, dann erneut 1147 mit Unterstützung des Speyerer Bischofs gegründete Kloster des Zisterzienserordens, eines Ordens, der bewußt an die Armut und Einfachheit Christi und seiner Apostel anknüpfte.

Weihe der Klosterkirche 1178, die übrigen Klostergebäude bestanden zunächst wohl aus Holz. Südlicher Kreuzgangflügel um 1210–1220, westlicher Flügel um 1300.

Typischer zisterziensischer Grundriß: Kirche mit Kreuzgang, daran anschließend in rechtem Winkel zum Kirchenschiff die Konventsgebäude: Laienrefektorium (vorne), Herrenrefaktorium (Mitte) und Dormitorium (hinten). Grundriß in Schönau ebenso angelegt, nur spiegelbildlich.

Maulbronn ist die besterhaltene romanisch-gotische Klosteranlage im deutschen Südwesten, nach der Säkularisation 1530 als evangelische Klosterschule und evangelisch-theologisches Seminar weitergenützt. Daher sind auch die Obergeschosse der Gebäude durchweg dem modernen Schulbetrieb entsprechend umgebaut.

Dem inneren Klosterbereich vorgelegt die Wirtschaftsgebäude des Klosters, umgeben mit einer starken Mauer. Hinter dem Kloster der »Tiefen See« (ehem. Fischteich, heute Freibad mit Bootsverleih).

Notizen

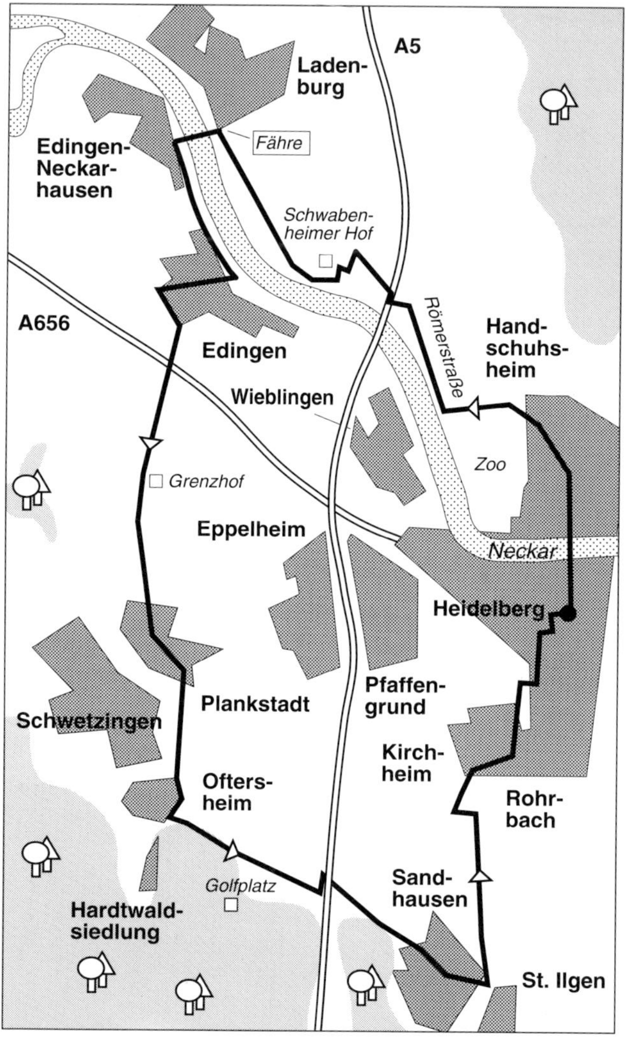
A5
Laden-
burg
Fähre
Edingen-
Neckar-
hausen
Schwaben-
heimer Hof
A656
Römerstraße
Hand-
schuhs-
heim
Edingen
Wieblingen
Grenzhof
Zoo
Eppelheim
Neckar
Heidelberg
Plankstadt
Pfaffen-
grund
Schwetzingen
Kirch-
heim
Oftersheim
Rohr-
bach
Golfplatz
Sand-
hausen
Hardtwald-
siedlung
St. Ilgen

30 Mit dem Fahrrad rund um Heidelberg

Eigentlich war eine solche Tour, die dem Titel des Radführers entspricht, schon längst fällig, Wer also will, kann sich zumindest auf eine halbe Runde aufmachen. Ganz um Heidelberg herum sollten nur geübte »Bergsteiger« fahren, da sind dann doch große Steigungen zu überwinden.

Ausgangspunkt: Bauhaus, Bahnhofstraße
Gesamtlänge: ca. 35–40 km, je nach Wegstrecke, 3–4 Stunden.
Schwierigkeitsgrad: Einfache Tour in der Ebene, die nur Anforderungen an die Ausdauer stellt. Außer zwischen Edingen und Plankstadt kaum öffentliche Straßen.

Vom Bauhaus aus folgen wir dem Radweg an der *Kurfürsten-Anlage* zum *Adenauerplatz* und fahren über die Neckarbrücke nach Neuenheim. Dort fahren wir nach rechts auf die *Bergstraße*, folgen ihr zunächst in nördlicher Richtung auf Handschuhsheim zu, biegen dann nach links auf den *Kapellenweg* ab und fahren gleich darauf auf der *Handschuhsheimer Landstraße* weiter. Wenig später finden wir uns vor der Tiefburg, die wir der Einbahnstraße gemäß zur Kirche hin umfahren. Von hier führt uns die *Burgstraße* mit wenig Verkehr weiter. Kurz vor ihrer Einmündung auf die Dossenheimer Landstraße (bei der Tankstelle) lenken wir nach rechts in die *Derweinstraße* und folgen dem Wirtschaftsweg am Hang in Richtung Dossenheim.

Am Hellenbach wenden wir uns nach links, überqueren die B 3 (Vorsicht!) und fahren gegenüber (auf dem Fußweg) bis zur Einmündung des Weges, der von den Feldern her kommt. Diesem Weg folgen wir geradeaus bis ans Klärwerk, fahren rechts und wieder links, und kommen so unter der Autobahn durch in Richtung Ladenburg. Heidelberger Gebiet haben wir schon hinter dem Klärwerk verlassen, aber wir müssen bei Ladenburg über den Neckar.

Auf der ehemaligen Römerstraße fahren wir so bis zur Straße nach Schwabenheim, biegen hier nach rechts auf die Schwabenheimer Höfe zu ab und folgen bei den Höfen selbst dem Neckar bis zum Ladenburger Schwimmbad.

Hier benutzen wir die Fähre, um auf das andere Neckarufer überzusetzen.

In Neckarhausen fahren wir nach links auf Edingen zu und biegen kurz nach der Einmündung in die B 37 nach rechts in die *Friedrichsfelder Straße* ein. Bei den letzten Häusern führt links der *Stangenweg* weiter, von dem aus wir gleich wieder nach rechts auf die Autobahnbrücke einschwenken. Nach der Brücke wieder links kommen wir auf die Straße zum Grenzhof.

Um den weiteren Weg nicht allzu kompliziert zu gestalten, sind wir großzügig und fahren gleich um Eppelheim mit herum, ohne Eppelheim nach Heidelberg eingemeinden zu wollen. Vom Grenzhof also geradeaus weiter nach Plankstadt, durch Plankstadt durch in Richtung Oftersheim. Müde Fahrer können hier schon über die ausgeschilderte *»Kurpfalz-Route«* den Rückweg antreten.

Wer die öffentliche Straße zwischen Plankstadt und der Kreuzung vor Oftersheim nicht scheut, kann an der Kreuzung in Plankstadt weiter geradeaus bis Oftersheim, hier nach links in den *Hardtwaldring* und dann wieder nach links in die Felder *(Oberfeldweg)* fahren.

Wer es lieber gemütlich hat und das Zick-Zack-Fahren nicht scheut, fährt in Plankstadt an der Ampelkreuzung zwar noch geradeaus, biegt aber dann nach rechts in den *Bruchhäuser Weg* ein und fährt diesen ganz durch. Hinter dem Schießstand wird der Weg für kurze Zeit schlechter, dann biegen wir nach rechts zum Kurpfalzhof ein (und sind wieder auf Heidelberger Gemarkung). Die Kreuzung mit der Straße nach Schwetzingen läßt sich mit der Ampel gefahrlos passieren.

Wir halten uns ein Stück nach rechts auf Schwetzingen zu, biegen aber dann in den nächsten Weg wieder nach links ein und kommen unter der Hochspannungsleitung mit einem Links-rechts-Haken zum Waldrand. Das ist der Weg an Wald- und Dünenrand entlang zwischen Oftersheim und der Autobahn-Raststätte. Hier fahren wir nach links, an der Autobahn wieder links und unter der Unterführung durch. Jenseits der Autobahn geht nur wenige Meter nach der Einmündung ein Weg nach rechts, auf Sandhausen zu, das wir mit der *Lochheimer Straße* und ihrer Einmündung in die *Adenauerstraße* erreichen. Hier müssen wir ein kurzes Stück nach rechts, um dann nach links mit der *Stranggasse* den Ort zu durchqueren. An der Einmündung in die Hauptstraße fahren wir mit dieser vor bis zur Kreuzung und nach rechts auf die *Heidelberger Straße*.

Nach links führt anschließend die *Bahnhofstraße* nach St. Ilgen. Ihr folgen wir, bis vor der Bahnlinie die Straße nach rechts abknickt. Wir fahren nach links (*Julius-Becker-Straße)* und kommen so am Rand der Häuser und dahinter mit dem Feldweg (fester Weg, aber löchrig) zum Weg an der Bahnlinie. Ihm folgen wir geradeaus durch bis zu den ersten Häusern von Kirchheim.

Wer es ganz genau nehmen will mit der Runde um Heidelberg, kann hier nach rechts unter der Bahnlinie durch und durch den Hasenleiser (*Erlenweg, Freiburger Straße)* und das Rohrbacher Gewann See zur *Leimener Straße* oben am Hang. Mit ihr kommt er über *Rathaus-, von-der-Thann-Straße* und *Görresstraße* zum Bergfriedhof und durch die Weststadt zum Ausgangspunkt zurück.

Wer einen kleinen Abstecher zu einer geologischen Besonderheit nicht scheut, biegt an der Bahnunterführung vor Kirchheim nach links ab und findet sich nach kurzer Zeit bei den Kleingärten und am Ufer des ehemaligen Kirchheimer Sees. Hier biegen wir in den Weg zwischen den Gärten nach rechts ein, fahren an den Gärten vorbei auf Kirchheim zu und finden uns dort in der *Oberen Seegasse.* Es ist ein alter Neckararm, der hier noch in der Landschaft und auch im Straßenbild sichtbar ist, denn die Obere und die Untere Seegasse folgen seinem Zug durch ganz Kirchheim durch. Besonders deutlich wird das Steilufer wieder an der evangelischen Kirche, die auf einem kleinen Hügel über dem ehemaligen See thront.

Dieser See entstand in der ausgehenden Eiszeit in einem alten Neckarbett, das das Wasser des Rohrbachs aufnahm und aufstaute. Es verlandete erst im Mittelalter und wurde im 17. Jahrhundert trockengelegt.

Die *Obere Seegasse* führt uns über den *Seewiesenweg* zum *Freiheitsplatz* und über die *Bogenstraße* zur *Hardtstraße,* mit der wir wieder ohne Verkehr auf die Innenstadt zuradeln. Vor dem Neuen Meßplatz biegen wir nach rechts unter der Bahnlinie durch in die Kleingärten ab und folgen dem Weg durch die Gartenanlage durch, bis wir an der Stadtgärtnerei und den Tennisplätzen die *Hebelstraße* erreichen. Nach rechts geht's zur Weststadt und zum Ausgangspunkt zurück.

Einkehrmöglichkeiten: Ladenburg, Eiscafé am Rathaus; Neckarhausen, Café am Hallenbad; Plankstadt, Café 2000 am Rathausplatz; Sandhausen, mehrere Lokale an der Heidelberger Straße; Kirchheim, Café Konkurs, Odenwaldstraße.

Mit Bahn und Fahrrad: Schönes Wochenende

Außerhalb der hier vorgeschlagenen Touren, die sich bis auf die letzten in der näheren Umgebung Heidelbergs und der Bergstraße bewegen, lassen sich schöne Fahrten unternehmen, wenn man das Fahrrad mit in die Bahn nimmt. Die Verkehrsbestimmungen der Deutschen Bahn AG sehen dazu vor, daß in »fast allen Zügen des Nahverkehrs« bis zu einer Entfernung von 100 km Fahrräder mitgenommen werden können, und zwar »im Gepäckwagen, Gepäckabteilen, in Einstiegsbereichen oder Mehrzweckabteilen«. Der Unterschied liegt nur darin, daß Gepäckwagen und Gepäckabteile mehr Platz bieten und im Fahrplan auch mit dem Fahrradsymbol gekennzeichnet sind. Für größere Gruppen sind sie unbedingte Voraussetzung. Für ganze Schulklassen muß man darüberhinaus am Bahnhof die Fahrt anmelden, damit sichergestellt ist, daß im Wagen auch wirklich Platz ist.

Einstiegsbereiche und Mehrzweckabteile bieten meistens nur Platz für wenige Räder; ob das Fahrrad mitgenommen werden kann, hängt vor allem davon ab, wie stark der Zug besetzt ist. Am besten auch hier: am Bahnhof erkundigen. Auf jeden Fall gelten hier aber die unten in der Tabelle genannten Einschränkungen über die Zeiten.

In der Übersicht über die Verbindungen sind die Züge mit dem Fahrradsymbol als »mit Gepäckabteil« genannt, die Züge, in denen das Fahrrad unter den genannten Bedingungen mitgenommen werden kann, als »ohne Gepäckabteil«. Genannt sind grundsätzlich nur Züge, die täglich verkehren; nur auf Strecken, auf denen es keine günstigen täglichen Verbindungen gibt, sind andere Züge aufgenommen und entsprechend gekennzeichnet.

Die Verbindungen sind vor- und nachmittags nicht gleichermaßen günstig. Nicht aufgenommen sind daher Umsteigeverbindungen mit extrem langer Wartezeit.

Innerhalb des Verkehrsverbundes Rhein-Neckar ist die Mitnahme des Fahrrades (zunächst bis 31. 12. 95) kostenlos:

Verkehrsmittel	Strecke	Beschränkungen
DB SWEG	Nahrverkehrszüge alle Bahnstrecken	Mo–Fr ab 9.00 Sa, So und Feiertag unbeschränkt
OEG Rhein-Hardt Bahn Mannheimer und Ludwigshafener Straßenbahn	alle Straßenbahnlinien	Sa ab 15.00 So und Feiertag unbeschränkt
BRN	Buslinien Grünstadt – Worms Grünstadt – Frankenthal Grünstadt – Bad Dürkheim Grünstadt – Bad Dürkheim Grünstadt – Mußbach	So und Feiertag unbeschränkt
HSB	Bergstrecken	Mo–Fr ab 19.00 Sa ab 15.00 So und Feiertag unbeschränkt Mo–Sa wie oben
	Königstuhl	So und Feiertag bis 10.00 und ab 16.00

Außerhalb des VRN beträgt der Preis für das Fahrrad im Nahverkehrszug derzeit DM 5,40 (selbst ein- und ausladen), das Schönes-Wochenende-Ticket kostet inzwischen DM 30,– für 5 Personen und ist vorläufig bis zum 31. 12. 1995 befristet. Sollte es nicht verlängert werden, muß man pro Person für 50 km Fahrstrecke 11,20 DM bezahlen – Gruppenermäßigungen nicht mit eingerechnet. Bleibt man innerhalb des Verkehrsverbundes Rhein-Neckar, dürfte sich ein Ticket 24+ lohnen.

Für die Gebiete außerhalb des Rhein-Neckar-Kreises steht ebenfalls vorzügliches Kartenmateriel zur Verfügung:

Landkreis Heilbronn (auf der Grundlage der Topographischen Karte 1:50 000), Marzahn-Verlag Esslingen.

Landkreis Karlsruhe (auf der Grundlage der Topographischen Karte 1:50 000), Marzahn-Verlag Esslingen – beim Verlag vergriffen, Neuauflage frühestens im kommenden Jahr.

Für die anderen Gegenden bietet der RV – Reise- und Verkehrsverlag Stuttgart Karten an, oder man verwendet die Topographischen Karten 1:50 000.

Mit dem Fahrrad ans Ziel – abends mit der Bahn zurück

Ausgangsort	Abfahrt	Umsteigen (Ankunft / Abfahrt)	Ankunft Heidelberg	Bemerkungen	Fahrplan-Nr. im Kursbuch
Darmstadt	18.37 mit Gepäckabteil	Mannheim-Friedrichsfeld 19.30 / 19.38	19.47	18.09 direkt nach Heidelberg zum normalen Fahrpreis	650
Bensheim	19.02 mit Gepäckabteil	Mannheim-Friedrichsfeld 19.30 / 19.38	19.47		650 VRN
Lorsch	Montag – Freitag mit Gepäckabteil 16.50	Bensheim täglich 16.57 / 17.02 Mannheim-Friedrichsfeld 17.30 / 17.35	17.44	17.16 ohne Gepäckabteil ab Bensheim Sa/So nur ab Bensheim	
Groß-Gerau	18.00 mit Gepäckabteil	Darmstadt 18.14 / 18.37 Mannheim-Friedrichsfeld 19.30 / 19.38	19.47		651

Ausgangsort	Abfahrt	Umsteigen (Ankunft / Abfahrt)	Ankunft Heidelberg	Bemerkungen	Fahrplan-Nr. im Kursbuch
Biblis	ohne Gepäckabteil 17.56 18.36	Mannheim 18.17 / 18.58 mit 19.04 / 19.36 ohne	19.15 19.54		655 VRN
Worms	ohne Gepäckabteil 17.50 18.50	Mannheim 18.16 / 18.58 mit 19.16 / 19.36 ohne	19.15 19.36		660 VRN
Worms	im Sommer samstags mit Gepäckabteil 16.50	Mannheim 17.16 / 17.58 mit	18.10		660 VRN
Worms	sonntags mit Gepäckabteil 19.50	Mannheim 20.16 / 20.37 ohne	20.55		660 VRN
Alzey	sonntags mit Gepäckabteil 18.39	Worms 19.12 / 19.50 Mannheim 20.16 / 20.37 ohne	20.55		660/662 VRN

Grünstadt	mit Gepäckabteil 15.32 und alle Stunde	Frankenthal 15.58 / 16.02 ohne 17.02 nur samstags mit 18.02 ohne 18.50 ohne		Mannheim – Heidelberg siehe dort	666/665 VRN
Mannheim	mit Gepäckteil 16.36, 16.58, 17.05, 17.58, 18.05, 18.58, 19.05 und 20.02 täglich 19.58 täglich außer Samstag		ca. 18 min später		665 VRN
Neustadt	ohne Gepäckteil 17.01, 17.30, 18.01, 18.30		17.54, 18.19, 18.54, 19.19		670 VRN
Landau	16.45, 17.02, 17.45, 18.02	Neustadt	17.54, 18.19, 18.54, 19.19	Landau-Neustadt ohne Gepäckabteil	676 VRN
Landau	mit Gepäckabteil 16.15, 17.15	Karlsruhe	18.35, 19.28	1 Stunde Aufenthalt in Karlsruhe	676

Ausgangsort	Abfahrt	Umsteigen (Ankunft / Abfahrt)	Ankunft Heidelberg	Bemerkungen	Fahrplan-Nr. im Kursbuch
Germersheim	mit Gepäckabteil 16.10, 17.10, 18.10		17.15, 18.10, 19.15		677 VRN
Speyer	mit Gepäckabteil 16.24, 17.26, 18.26		17.15, 18.10, 19.15		677 VRN
Karlsruhe	mit Gepäckabteil 15.48, 16.48, 17.48, 18.48		16.35, 17.35, 18.35, 19.28		701
Bruchsal	mit Gepäckabteil 16.03, 17.03, 17.25 18.03, 19.03, 19.25		16.35, 17.35, 17.47 18.35, 19.28, 19.47		701
Bretten	mit Gepäckabteil 17.13 19.13		17.47 19.47	Regionalexpreß über Stuttgart und Vaihingen (Enz)	703 771

Graben-Neudorf	mit Gepäckabteil 15.48 16.48 17.48	Mannheim 16.22 / 16.36 17.22 / 17.58 18.22 / 18.58	16.54 18.10 19.15		700
Graben-Neudorf	mit Gepäckabteil 17.11	Bruchsal 17.21 / 17.25	17.47	knappe Umsteigezeit	704
Graben-Neudorf	mit Gepäckabteil 16.50, 17.50		18.10, 19.15	über Germersheim – Ludwigshafen – lange Fahrzeit	704/677 kein VRN!
Sinsheim	mit Gepäckabteil 17.04, 20.02		17.41, 20.39	hält auch in Meckesheim und Bammental	706 VRN

Mit der Bahn ans Ziel, dort eine Rundfahrt, abends mit der Bahn zurück

Zielort	Abfahrt in Heidelberg	Umsteigen (Ankunft / Abfahrt)	Ankunft Zielort	Bemerkungen	Fahrplan-Nr. im Kursbuch
Darmstadt	mit Gepäckabteil 7.23 direkt ohne Gepäckabteil 8.15 9.10	 Mannheim- Friedrichsfeld 8.24 / 8.28 9.19 / 9.28	 8.22 9.23 10.23		650
Bensheim	wie nach Darmstadt	Mannheim- Friedrichsfeld	7.57, 8.58, 9.58		650
Biblis	8.36	Mannheim 8.49 / 8.54 ohne Gepäckabteil	9.22	Umsteigezeit kurz	655
Worms	8.36	Mannheim 8.49 / 9.46 ohne Gepäckabteil	10.13	Umsteigezeit in Mannheim 1 Stunde	660
Worms	werktags 8.45	Ludwigshafen 9.06 / 9.29 ohne Gepäckabteil	9.46		660

Mannheim	mit Gepäckabteil 8.36, 8.45, 9.37 ohne Gepäckabteil 9.03		8.49, 9.00, 9.56 9.18		665
Neustadt	ohne Gepäckabteil 7.46, 8.03, 9.03		8.28, 8.52, 9.52		665, 670
Schifferstadt	mit Gepäckabteil 8.45		 9.20		665, 670
Landau	ohne Gepäckabteil 7.46 8.03 9.03	Neustadt 8.28 / 8.36 8.52 / 9.03 9.52 / 10.03	 8.57 9.14 10.14	Neustadt- Landau mit Gepäckabteil	676
Landau	mit Gepäckabteil 8.21 9.21	Karlsruhe 9.08 / 9.30 10.08 / 10.30	 10.13 11.13		676
Germersheim	mit Gepäckabteil 8.45, 9.44		 9.47, 10.47		677
Speyer	mit Gepäckabteil 8.45, 9.44		 9.30, 10.30		677

Zielort	Abfahrt in Heidelberg	Umsteigen (Ankunft / Abfahrt)	Ankunft Zielort	Bemerkungen	Fahrplan-Nr. im Kursbuch
Karlsruhe	mit Gepäckabteil 8.21, 9.21		9.08, 10.08		701
Bruchsal	mit Gepäckabteil 8.10, 8.21, 9.21		8.31, 8.52, 9.52		701
Bretten	mit Gepäckabteil 8.10 ohne Gepäckabteil 10.10		8.45 10.45	Regional- expreß nach Vaihingen (Enz) und Stuttgart	703 771
Graben- Neudorf	mit Gepäckabteil 8.10	Bruchsal 8.31 / 8.50	9.10		700
Sinsheim	mit Gepäckabteil 9.20		9.58	hält auch in Meckesheim und Bammental	706

Die Verbindungen zurück nach Heidelberg bitte aus der ersten Übersicht entnehmen.